IRRÉDUCTIBLE VÉRITÉ   RELENTLESS VERITY

PETER ROBERTSON

Irréductible vérité

LES PHOTOGRAPHES MILITAIRES CANADIENS
DEPUIS 1885

Relentless Verity

CANADIAN MILITARY PHOTOGRAPHERS
SINCE 1885

LES ARCHIVES PUBLIQUES DU CANADA
LES PRESSES DE L'UNIVERSITÉ LAVAL, QUÉBEC

THE PUBLIC ARCHIVES OF CANADA SERIES
UNIVERSITY OF TORONTO PRESS

© Information Canada 1973

Printed in Canada / Imprimé au Canada
ISBN Toronto 0-8020-2099-2
ISBN Laval 0- 7746-6693-5

THE PUBLIC ARCHIVES OF CANADA SERIES /
LES ARCHIVES PUBLIQUES DU CANADA

Dedicated to all Canadian military
photographers, past and present

Dédié à tous les photographes militaires
canadiens d'hier et d'aujourd'hui

Contents

Table des matières

Introduction

During the summer of 1917, an exhibition of Canadian military photographs was displayed in Ottawa. The Ottawa *Journal* commented, 'There is a relentless verity about them that eats up the thousands of miles between Canada and the firing line, and brings a man to see the brunt that the fellows ... are bearing.'[1] The verity of the still photograph lies in its ability to freeze a moment of time for the benefit of future generations. The faces of Canadian servicemen, their uniforms and their equipment, and the appearance of the varied countries and peoples with whom they have come in contact: all these subjects present themselves to the military photographer. The intangible elements of tension, fatigue, conflict and suffering, peculiar to military operations, evoke those eloquent photographs which make relentless demands on those who view them. The still photograph has always been an essential means of informing the public about Canada's armed forces. A photograph which appears in a hometown newspaper, for example, shows parents that their son, serving thousands of miles away, is indeed alive and well. The photograph is also, on a less personal level, an important vehicle of public relations, keeping the sometimes indifferent legislators and taxpayers of Canada aware of the activities of their armed forces. All these considerations make the *Journal*'s statement an appropriate theme for this collection of the best work of selected Canadian military photographers active since 1885.

Photography was put to work recording military action soon after its invention in 1839. Roger Fenton during the Crimean War, and Matthew Brady and his associates during the American Civil War, were among the pioneers. Their achievements are even more impressive when one considers that these men had to overcome the vagaries of the delicate wet-plate photographic process, often working under enemy fire in the wagons which were their travelling darkrooms. It is interesting to note that the Civil War was primarily responsible for popularizing the tintype, a form of photograph sturdy and small enough for soldiers to mail home to relatives from the battlefront.

The properties of the magazine camera and the dry-plate negative, each of which became commercially available at the beginning of the 1880s, made possible truly 'instantaneous' photography. Supplanting the conspicuous tripod-mounted view camera, the hand-held magazine camera incorporated a relatively fast, efficient shutter and storage space for a dozen or more dry plates. No longer did the photographer have to prepare the plate before taking each photograph. Most important, he could record an event as it occurred, taking advantage of the dry plate's exposure time of a mere fraction of a second. In a military context, 'instantaneous' photography clearly had great potential.

James Peters was not only a keen amateur photographer but also an officer of the Regiment of Canadian Artillery. Because he wrote in a clear style spiced with wry humour, we know much about his activities as Canada's first military photographer. Peters used the British-made Marion 'Academy' camera to record the events of the Northwest Rebellion of 1885. This camera was a twin-lens reflex model whose magazine carried twelve dry plates of the 3¼ by 4¼ inch, or quarter-plate, format. Peters packed in his baggage a supply of one hundred and twenty plates, sufficient for ten loadings of the magazine. He wrote, 'I carried the instrument slung on my back most of the time, and took many of the views from the saddle.' Considering that his camera travelled some 5800 miles during the campaign, he concluded, 'it is quite wonderful what the instrument *did* stand.' Peters believed that his photographs of Fish Creek and Batoche would 'not agree with the ordinary idea of what a battle really should look like' but added, 'The fact that 20 per cent of my men were killed and wounded ... will be sufficient guarantee as to the indisputable fact of the plates being exposed actually in the fighting line.' He confessed that 'necessarily I had many failures, for out of ten dozen shots only 63 good pictures were obtained, but these proved so interesting that all my labours were amply rewarded.'

He offered a variety of explanations for his failures. There were those unco-operative subjects who persisted in shooting back at the photographer: 'The rebel marksmen of the far West did not give an amateur photographer much time with his "quickest shutter"... Numbers of my plates are under time; but I am not particular. Those taken when the enemy had surrendered, and were unarmed, made better negatives, but "circumstances alter photographs."' Furthermore, Peters reloaded his magazine at night while lying under his regimental blanket, sometimes with disastrous results:

My plan ... was to lie on my back on the prairie after dark – in fact, I often combined the operation with the details of preparing for bed,

Introduction

À propos d'une exposition de photographies militaires qui se tenait à Ottawa pendant l'été 1917, le *Journal* d'Ottawa fit le commentaire suivant : « Ces photographies sont d'une irréductible vérité, qui supprime les milliers de milles séparant le Canada de la ligne de combat, pour nous jeter au coeur de la mêlée où sont engagés nos soldats[1]. » La photographie est vérité en ce qu'elle fige l'instant fugitif à l'intention de la postérité. Le visage, l'uniforme et l'équipement des militaires canadiens, les pays où ils séjournent et les populations avec lesquelles ils entrent en contact, sont autant d'objectifs qui s'offrent au photographe militaire. La tension, la fatigue, la lutte et la souffrance qui accompagnent les opérations militaires sont éloquemment évoquées par ces photos qui inspirent une irrésistible émotion. La photographie a toujours été le témoin le plus sûr des activités de nos Forces armées. Dans un journal local, elle peut rassurer des parents sur le sort de leur fils, en service au loin. Dans une perspective plus vaste, elle informe les législateurs et les contribuables du Canada, souvent insoucieux des activités de leurs Forces armées. C'est ce qui explique qu'on ait retenu la réflexion du *Journal* comme titre de cet album des meilleures oeuvres de photographes militaires canadiens depuis 1885.

Peu après sa naissance en 1839, la photographie contribuait à la relation des opérations militaires. Roger Fenton, durant la guerre de Crimée, Matthew Brady et ses collaborateurs, durant la guerre de Sécession, furent parmi ses pionniers. Leurs oeuvres sont d'autant plus méritoires qu'il leur fallait maîtriser les capricieux procédés de la plaque à collodion humide, sous le tir ennemi, dans les voitures qui leur servaient de laboratoires. C'est principalement la guerre de Sécession qui donna son élan à la popularité grandissante de la photographie sur ferrotype, assez petite et résistante pour permettre aux soldats de l'expédier du front à leurs parents.

Les propriétés de l'appareil à magasin et de la plaque sèche, disponibles sur le marché dès 1880, permettaient la véritable photographie « instantanée ». Muni d'un magasin, l'appareil à main offrait un obturateur relativement rapide et efficace, et suffisamment d'espace pour y loger au moins une douzaine de plaques sèches; il supplanta l'encombrant appareil sur trépied. Le photographe n'avait plus à préparer de plaque avant chaque photo, il pouvait capter un sujet sur le vif, grâce à la plaque sèche dont la pose n'exigeait qu'une simple fraction de seconde. La photographie « instantanée » offrait assurément de grandes possibilités en milieu militaire.

James Peters était un photographe amateur averti, c'était aussi un officier de l'artillerie canadienne. Les travaux de ce premier photographe militaire du Canada nous sont bien connus, grâce à ses écrits d'un style clair et assaisonné d'humour. Peters utilisa un appareil Marion « Academy », de fabrication anglaise, pour enregistrer les événements de la Rébellion du Nord-Ouest, en 1885. C'était un modèle réflex à deux objectifs, dont le magasin pouvait contenir douze plaques sèches, de 3¼ sur 4¼ pouces (8, 2 sur 10,8 cm). Il emporta dans ses bagages une provision de cent vingt plaques, suffisante pour dix chargements. « J'ai porté l'appareil en bandoulière la plupart du temps, écrivait-il, et j'ai pris plusieurs photos sans descendre de cheval. » Son appareil ayant été transporté sur quelque 5 800 milles durant la campagne, il s'étonnait qu'il ait pu tenir le coup. Peters craignait que ses photographies de Fish Creek et de Batoche ne fussent pas exactement à l'image qu'on se faisait ordinairement d'une bataille, mais disait-il : « Le fait que vingt pour cent de mes hommes furent tués ou blessés ... constitue la preuve indéniable que les plaques ont bel et bien été exposées sur la ligne de feu. » Il reconnaissait qu'il avait nécessairement eu « ... plusieurs échecs, car sur les cent vingt photographies, soixante-trois seulement étaient réussies, mais elles étaient si intéressantes que tous mes efforts se trouvaient récompensés. » Il donnait diverses explications de ces échecs. Il y avait d'abord ceux qui refusaient de coopérer et s'acharnaient à tirer sur le photographe : « Les tireurs rebelles du Far West ne laissaient guère au photographe amateur le temps d'utiliser son obturateur super-rapide ... Beaucoup de mes plaques sont sous-exposées, mais je ne suis pas pointilleux. Celles prises après la capitulation de l'ennemi, alors qu'il était désarmé, ont donné de meilleurs clichés. Les photographies changent suivant les circonstances. » Peters, couché sous sa couverture de régiment, rechargeait son appareil à la nuit tombée, avec parfois de fâcheuses conséquences :

Mon procédé consistait à m'étendre sur le dos dans la prairie après la tombée de la nuit – en réalité, j'ai souvent mené l'opération conjointement avec les préparatifs du coucher, en tirant la couverture sur moi ... lorsqu'avec une dextérité minutieuse je parvenais généralement à placer dans le magasin la majorité de mes plaques, dont une bonne partie avec le côté sensible dirigé vers l'objectif. Malheureusement, la manipulation nécessaire pour vérifier la bonne orientation des plaques vers l'obturateur

pulling the covering up ... when, by a delicate sense of touch, I generally managed to get most of my plates into the box, with a fair proportion having the film side to the front. Unfortunately, many were destroyed from the fingering necessary to make sure of the correct side to be placed towards the shutter ... One valuable batch was lost to me forever, from the fact that as soon as the changing was completed I fell fast asleep through fatigue; had I slumbered quietly all would have doubtless been well; but, unhappily, a bad dream upset all my calculations, and next morning my valuable plates were all kicked out in the long grass and ruined. After this I never slept with the camera.[2]

Although Peters disposed of his entire collection of plates at the time of his retirement at Victoria in 1910, those prints which survive have become classics, generally recognized as the first photographs in the world actually taken during battle.

Henry Woodside combined the professions of journalist and militia officer. He became an amateur photographer in 1891, and thereafter seldom lacked a camera with which to record virtually everything he set his eyes on. Woodside left no written impressions of his hobby but he did leave an extensive collection of scrupulously annotated negatives. Studying these we can see photography undergoing an evolution as it entered the twentieth century. Woodside first used a box camera fitted with a magazine of dry plates. In 1898, cut-film negatives began to supplant the dry plates in the film holders of this camera. By the turn of the century, he was using Kodak cameras equipped with roll film. The photographs themselves reveal that Canada's armed forces were also entering the twentieth century. Woodside's early photographs show the rather sedentary activities of the militia in Eastern and Western Canada, but his later photographs show Canadian units moving out to such disparate places as the Yukon Territory and South Africa.

It is strange that there were no official Canadian military photographers prior to the First World War. The military authorities seemed content to allow amateurs such as Peters and Woodside to take photographs without hindrance; indeed, one senses that these men often were taking pictures when they should have been soldiering. There was of course the exception of the Royal Engineers, which regularly used photography in the course of its operations, notably those of the North American Boundary Commission of 1872. Nor did the authorities in those early years use photographs as a means of informing Canadians about military activities, probably because the modern concept of public relations did not exist. Such a policy was technically feasible, because the halftone process made possible the publication of photographs in magazines by the late 1880s and in newspapers about the turn of the century. As early as 1888, that pioneering magazine *Dominion Illustrated* was publishing Peters' photographs, but this potential was not officially exploited until the middle of the First World War.

The Department of Militia and Defence did not mobilize photographers, as such, in 1914. However, there were others at work – firms like the Panoramic Camera Company of Toronto, whose equipment could encompass an entire battalion at a single sitting. When the Canadian Expeditionary Force reached England, it engaged commercial photographers like the firm of Gale and Polden at Aldershot. Consequently, the lack of official military photographers did not become a problem until Canadian troops went into action in the spring of 1915 on the Western Front. The front line was no place for commercial photographers, and individual officers and men were prohibited the use of personal cameras. The regrettable result was that no contemporary photographic record exists of Canadian participation in actions such as the Second Battle of Ypres.

The solution rested in the hands of the Canadian War Records Officer, Colonel Sir Max Aitken, later and better known as Lord Beaverbrook. In January 1916, Aitken obtained a grant of $25,000 from Prime Minister Sir Robert Borden to set up the Canadian War Records Office in London. Responsible not only for the dissemination of publicity but also for the compilation and preservation of a wide range of historical documentation, the unit consisted of seven officers and seventeen men in London and four officers in France. Probably because of his journalistic background, Aitken was aware of the possibilities of photography; he pointed out that 'the events and the men may pass, but the photographic plates remain for years as an indelible record.'[3]

Who were the photographers of the Canadian War Record Office? The first was Captain Harry Knobel, whom the War Office appointed Canadian Official Photographer in France on 28 April 1916. Early in May, Knobel inaugurated the Official (O) Series of negatives by photographing the tent lines of the 10th Infantry Battalion at Abele in Belgium. After he took the first 650 photographs in the Official Series, an attack of asthma in mid-August forced Knobel out of active service. Aitken found a replacement in Ivor Castle, manager of the photographic department of the *Daily Mirror*. (This newspaper had in 1904 been the first in the world to use photographs exclusively as illustrations.) With the rank of Temporary Lieutenant, Castle accompanied Sir Sam Hughes' party to France in August. Castle continued as sole Canadian Official Photographer until June 1917, taking some 800 photographs during that time, notably those of the battles of Courcelette and Vimy Ridge. After Castle virtually withdrew from France, Beaverbrook went after, and obtained, the services of William Rider-Rider, a twenty-eight-year-old Londoner who had joined the *Daily Mirror* as a photographer in 1910. Seconded from the British Army with the rank of Honorary Lieutenant, Rider-Rider took over as Canadian Official Photographer on 4 June 1917.

en détruisait plusieurs ... J'en ai perdu une précieuse série à tout jamais lorsque, aussitôt après avoir rechargé l'appareil, je me suis endormi de fatigue; tout aurait été pour le mieux si j'avais dormi paisiblement, mais un mauvais rêve déjoua tous mes plans et, le lendemain matin, mes précieuses plaques désormais ruinées étaient toutes éparpillées dans l'herbe haute. Ce fut la dernière fois que je me couchai avec un appareil photographique[2].

Même si Peters s'est défait de toute sa collection de plaques en 1910, lorsqu'il a pris sa retraite à Victoria, les épreuves qui ont subsisté sont devenues des classiques, et sont généralement reconnues comme étant les toutes premières photographies qu'on ait jamais prises sur un champ de bataille.

Henry Woodside était à la fois journaliste et officier de la Milice. Il devint photographe amateur en 1891; par la suite, il eut presque toujours un appareil pour prendre ce qui lui tombait sous les yeux. Woodside n'a pas rédigé le compte rendu de ses impressions, mais, par ailleurs, il a laissé une collection considérable de clichés minutieusement annotés, qui nous permettent de suivre l'évolution de la photographie au début du XXe siècle. Woodside employa d'abord un appareil rectangulaire, muni d'un magasin de plaques sèches. En 1898, les clichés sur bande de pellicule commencèrent à remplacer les plaques sèches. Au début du siècle, il employait des appareils kodak chargés d'un rouleau de pellicule. Ses photographies témoignent que nos Forces armées elles aussi entraient dans le XXe siècle. Les premières montrent les activités plutôt sédentaires de la Milice dans l'Est et dans l'Ouest du Canada, les dernières nous font voir des unités canadiennes en partance pour des endroits aussi éloignés que le Yukon et l'Afrique du Sud.

Il est curieux que nous n'ayons pas eu de photographes militaires officiels avant la première guerre mondiale. Apparemment, les autorités militaires se contentaient de laisser certains amateurs, comme Peters et Woodside, prendre des photos, sans s'y opposer. On a l'impression que souvent ces hommes photographiaient au lieu d'exercer leur métier de soldat. Bien entendu, le Génie constituait une exception puisqu'il eut régulièrement recours à la photographie au cours de ses opérations, particulièrement celles de la Commission des frontières nord-américaines. Les autorités ne se servaient pas non plus de la photographie pour renseigner les Canadiens sur les activités militaires, sans doute parce que le concept actuel des relations extérieures n'existait pas encore. La chose aurait été techniquement possible, puisque le procédé demi-teintes permettait la publication de photographies dans les périodiques vers la fin des années 1880, et dans les journaux au début du siècle. Dès 1888, *Dominion Illustrated*, qui fit oeuvre de pionnier, publiait les photographies de Peters, mais ces possibilités ne furent pas exploitées officiellement avant le milieu de la première guerre mondiale.

En 1914, le ministère de la Milice et de la Défense ne mobilisa pas de photographes en tant que tels. Cependant, certains étaient à l'oeuvre, – des entreprises comme Panoramic Camera de Toronto qui pouvait photographier tout un bataillon en une seule séance de pose. Après avoir débarqué en Angleterre, le corps expéditionnaire canadien retint les services de photographes commerciaux, comme Gale and Polden, d'Aldershot. L'absence de photographes militaires officiels ne posa donc pas de problème jusqu'au printemps 1915, alors que les troupes canadiennes furent engagées sur le front ouest. La ligne de feu n'était pas la place des photographes commerciaux, et l'usage d'un appareil photo était défendu aux officiers et aux soldats. C'est pourquoi il n'existe aucun document photographique sur la participation canadienne à des engagements tels que la deuxième bataille d'Ypres.

La solution relevait de l'officier chargé des Archives de guerre du Canada, le colonel sir Max Aitken, mieux connu plus tard sous le nom de lord Beaverbrook. En janvier 1916, Aitken obtint du premier ministre sir Robert Borden une subvention de $25 000 en vue de créer à Londres le Bureau des Archives de guerre du Canada. Le Bureau n'était pas seulement responsable de la diffusion de la publicité, mais aussi de la compilation et de la conservation d'un vaste choix de documents historiques; son effectif comprenait sept officiers et dix-sept hommes de troupe, à Londres, et quatre officiers en France.

Probablement à cause de son expérience de journaliste, Aitken était conscient des possibilités qu'offrait la photographie; il souligna que « ... les événements et les hommes peuvent s'oublier, mais les plaques photographiques demeurent pendant de longues années des documents indélébiles[3] ». Qui étaient les photographes du Bureau des Archives? Le premier fut le capitaine Harry Knobel, que le War Office nomma, le 28 avril 1916, photographe officiel du Canada en France. Au début de mai, Knobel inaugurait le dépôt officiel de clichés (O) en photographiant les tentes du 10e bataillon d'infanterie, dressées à Abele (Belgique). Frappé d'une crise d'asthme, Knobel dut quitter le front à la mi-août, après avoir pris les 650 premières photographies du dépôt officiel. Aitken le remplaça par Ivor Castle, directeur de la photographie au *Daily Mirror* (ce journal avait été le premier au monde, en 1904, à utiliser la photographie exclusivement à titre d'illustration). Nommé lieutenant à titre temporaire, Castle accompagna le groupe de sir Sam Hughes en France, au mois d'août. Il demeura le seul photographe officiel du Canada jusqu'en juin 1917, et prit quelque 800 photographies, notamment celles des batailles de Courcelette et de Vimy. Après le départ de Castle, Beaverbrook retint les services de William Rider-Rider, Londonien de 28 ans et photographe au *Daily Mirror* depuis 1910. Détaché par l'Armée britannique avec le grade de lieutenant honoraire, Rider-Rider devint, le 4 juin 1917, le nouveau photographe officiel canadien. Par la suite, il consigna toutes les opérations du corps expéditionnaire canadien, de la bataille de la cote 70 en 1917 jusqu'à la traversée du Rhin en 1918;

11

Thereafter, he recorded all the operations of the Canadian Corps from the battle of Hill 70 in 1917 to the crossing of the Rhine in 1918; he exposed some 2800 negatives in the Official Series during his service. During this period Canadian activities back in England did not go unrecorded. Sergeant Herbert Unwin was a commercial photographer from Stettler, Alberta, who joined the infantry, but found that long route marches aggravated his flat feet. He transferred to the War Records Office late in 1917 as the principal photographer in England, taking all the original negatives in the Miscellaneous (M) Series which rounded out the coverage of the Overseas Military Forces of Canada.

Rider-Rider, the dean of Canadian military photographers, recalls that before his official appointment he was not a photographer but a sergeant in the Suffolk Regiment, teaching physical training and bayonet fighting at Gravesend in Kent. He was unaware of Beaverbrook's statement that 'we have just the man we want in Rider-Rider ... for whose transfer we have applied ... his military record is good, and his professional record as a photographer even better.'[4] In view of his comfortable position with the Suffolks, Rider-Rider admits that his initial reaction was one of 'sooner a live SOB than a dead hero', but he decided to accept the assignment.[5] He crossed to France and established his base of operations in the town of St Pol, on a main highway some twenty miles back of the front line around Arras and in the vicinity of Canadian Corps Headquarters. His three-man staff consisted of a darkroom technician, Sergeant Hallett, a general assistant, Corporal Reeves, and a batman, Private Thornton. In addition, he was able to call on sevices of a driver and a Cadillac Eight car. He enjoyed a remarkable freedom of action:

My only orders from London were to get photographs. So I got at it. I received no instructions from anyone. Went wherever I wished whenever I wanted ... I used to get news of impending raids or attacks from General Currie's HQ and in this way I could usually be at the scene of the action.[6]

The two principal cameras he used were a Goerz fitted with a Zeiss lens and using 4 x 5 inch dry-plate negatives, and a Kodak Panoram fitted with a pivoting lens and using roll film to produce 3½ x 12 inch negatives. His colleagues in London were skeptical of the Kodak, which they thought was too slow to be used in battle; however, he silenced the critics by taking some excellent panoramas. He had none of the innovations – exposure meters, fast films, long lenses – employed by today's photographers. Nor was his task made easier by conditions on the battlefield. Once, for instance, he visited the 102nd Infantry Battalion during the battle for Hill 70 in August 1917. He was stationed with his camera at a forward outpost when German artillery opened a heavy bombardment, throwing up such an eruption of chalk dust that he felt that he was caught in a snowstorm. Unable to keep his lens free of dust, he sat out the exchange in a dugout.[7] In June 1918, a box barrage caught him exposed on open ground. Throwing himself flat, he heard shell fragments whizzing overhead like angry bees – but he calmly kept on taking photographs. For a time in September 1918, the effects of gas and a slight wound put him out of action for a couple of weeks. On the recommendation of the Corps Commander, General Sir Arthur Currie, who stated in 1919 that 'none had acted more gallantly than the official photographic representative, Lieut. Rider-Rider, who often crossed with the front wave,'[8] Rider-Rider was awarded the MBE.

Beaverbrook once made the curious statement that 'photography has ... given us the instrument of knowledge if only it is rightly used.'[9] Official concern for the 'right use' of photography took such forms as the manipulation or faking of photographs, the censorship of photographs, and the policy of supplying photographs to the public. Harry

Knobel's photographs of the aftermath of the battle of Mount Sorrel in June 1916 evoked the following reaction:

Sir Max [Aitken] is very pleased. The only thing which upset him was that the body of a dead German should have been covered up before being photographed. Sir Max says 'cover up the Canadians before you photograph them as much as you like, but don't bother about the German dead.'[10]

More serious than this attempted manipulation was the actual faking of photographs. The most conspicuous deception of this nature was Ivor Castle's well-known series of photographs purporting to show Canadian troops 'going over the top' during the battle of the Somme in 1916. Used repeatedly in both official and non-official histories for more than fifty years, these photographs have become symbolic of the entire First World War for many people. Rider-Rider says, 'These alleged battle pictures were "made" ... at a British trench mortar school outside St Pol ... at rehearsal attacks of men going over the top with canvas breech covers on rifles.' Word of Castle's phony photographs got around, as Rider-Rider was to discover: 'I had a lot to live down when I visited some units ... "Want to take us going over the top? Another faker?" etc., etc.' Rider-Rider refused to take part in such deceptions, preferring to photograph things as they were and to let his negatives take their chances with the censor.

Despite this official interference in the taking of photographs and the condoning of faked 'battle' pictures, the forces' photographers of the First World War retained their artistic integrity and their visual records are historically objective.

On other occasions concern for the 'right use' of photography produced positive results. The War Records Office in London supplied photographs to the public not only by selling prints to newspapers and private individuals but also by means of large travel-

il enrichit le dépôt officiel de quelque 2 800 clichés durant son service. Entre-temps, les activités canadiennes en Angleterre n'étaient pas oubliées. Le sergent Herbert Unwin, un photographe commercial de Stettler (Alberta), s'était enrôlé dans l'infanterie, mais avait trouvé que les longues marches étaient très mauvaises pour ses pieds plats. Il passa au Bureau des Archives de guerre à la fin de 1917, en qualité de premier photographe en Angleterre, et prit tous les clichés originaux du dépôt des clichés divers (M), ce qui complétait le reportage sur les Forces militaires canadiennes outre-mer.

Rider-Rider, doyen des photographes militaires canadiens, rappelle qu'avant sa nomination officielle il était sergent au Suffolk Regiment, et enseignait l'éducation physique et l'assaut à la baïonnette à Gravesend dans le Kent. Il ignorait la déclaration de Beaverbrook : « Rider-Rider ... dont nous avons demandé la mutation ... est justement l'homme qu'il nous faut ... ses états de services sont excellents et sa réputation de photographe professionnel est encore meilleure[4]. » Étant donné le poste de tout repos qu'il occupait au Suffolk Regiment, Rider-Rider reconnaît avoir d'abord pensé que « ... mieux vaut un froussard vivant qu'un héros mort », mais il décida d'accepter l'affectation[5]. Il passa en France et installa sa base d'opérations dans la ville de Saint-Pol, située sur la grand-route, à une vingtaine de milles derrière le front d'Arras, dans le voisinage du quartier général du corps canadien. Son équipe de trois hommes comprenait le sergent Hallett (technicien de la chambre noire), le caporal Reeves (adjoint général) et le soldat Thornton (ordonnance). De plus, il pouvait faire appel aux services d'un chauffeur, qui conduisait une Cadillac modèle V-8. Il jouissait d'une remarquable liberté d'action :

Les seules instructions que j'avais reçues de Londres étaient de prendre des photographies. Alors j'ai commencé. Je ne recevais de directives de personne. J'allais où je voulais, quand je voulais ... Le Q.G. du général Currie m'aver-tissait des attaques et des raids imminents, de sorte que je pouvais généralement me trouver sur le théâtre des opérations[6].

Ses deux principaux appareils étaient un Goerz, muni d'un objectif Zeiss et à plaques négatives sèches de 4 pouces sur 5, et un Kodak Panoram, muni d'un objectif pivotant et chargé d'un rouleau de pellicule qui donnait des clichés de 3½ pouces sur 12. Ses collègues de Londres étaient sceptiques sur l'emploi du Kodak, qu'ils jugeaient trop lent pour être d'aucune utilité dans une bataille, mais il leur fallait bien reconnaître la grande qualité de ses vues panoramiques. Il ne disposait d'aucun des perfectionnements d'aujourd'hui, – ni pose-mètre, ni pellicule ultra-sensible, ni objectif à long foyer. Sa tâche n'était guère facilitée non plus par tout ce qui se passait sur le champ de bataille. Ainsi, il était allé voir le 10e bataillon d'infanterie durant la bataille de la cote 70, en août 1917. Il s'était installé avec son appareil à un avant-poste quand l'artillerie allemande ouvrit un feu nourri, soulevant une telle pous-sière de craie qu'il se croyait en pleine tempête de neige. Incapable de protéger son objectif de la poussière, il attendit la fin du bombarde-ment, assis dans un abri[7]. En juin 1918, il fut surpris à découvert par un tir d'encagement. Il se jeta à plat ventre, pendant que les éclats d'obus sifflaient au-dessus de sa tête comme des abeilles en colère, mais il continua tran-quillement à prendre ses photographies. Légè-rement blessé et gazé, il fut immobilisé pen-dant une quinzaine de jours, en septembre 1918. Sur la recommandation du général sir Arthur Currie, commandant du corps cana-dien, qui affirmait en 1919 que « ... nul ne s'est conduit plus valeureusement que le lieutenant Rider-Rider, photographe officiel, qui souvent franchissait le parapet avec la vague d'assaut[8] », Rider-Rider reçut la décoration MBE (Membre de l'Empire britannique).

Beaverbrook fit un jour cette étonnante déclaration : « La photographie devient un instrument de connaissance ... à la seule con-dition d'être employée à bon escient[9]. » Les préoccupations officielles à l'égard du « bon usage » de la photographie tournaient autour de la manipulation ou du truquage des photos, de la censure, et de la politique de diffusion. Voici la réaction provoquée par les photo-graphies que prit Harry Knobel après la bataille du mont Sorrel, en juin 1916 :

Sir Max (Aitken) est très satisfait. La seule chose qui l'ennuie, c'est que le cadavre d'un Allemand ait été enterré avant d'être photo-graphié. Sir Max dit d' « ... enterrer les Canadiens si vous voulez, mais ne vous occu-pez pas des cadavres allemands »[10].

Cette tentative de manipulation était moins grave que le truquage entier de certaines photographies. La plus célèbre de ces super-cheries fut cette série de quatre photographies, prises par Ivor Castle, qui étaient censées représenter les troupes canadiennes « montant à l'assaut » durant la bataille de la Somme, en 1916. Utilisées à maintes reprises dans les récits historiques officieux ou officiels depuis plus de cinquante ans, ces photographies sont devenues pour plusieurs le symbole même de la première guerre mondiale. Rider-Rider rapporte : « Ces prétendues photographies du champ de bataille furent *fabriquées* ... près de Saint-Pol, dans une école britannique de maniement du mortier de tranchée ... lors d'exercices où les hommes montaient à l'as-saut avec leurs fusils recouverts de leur couvre-culasse en toile. » Les photographies de Castle étaient truquées et, comme Rider-Rider devait s'en apercevoir, la nouvelle s'était répandue : « Qu'est-ce que j'ai pris quand j'ai rendu visite à certaines unités ... Vous voulez nous photo-graphier en train de monter à l'assaut ? Encore un metteur en scène ? » Rider-Rider se refusait à commettre de pareilles supercheries, il pré-férait photographier les choses telles qu'elles étaient et laisser ses clichés affronter la censure.

En dépit de ces ingérences officielles et de l'indulgence manifestée à l'égard des photos « de guerre » truquées, les photographes mili-taires de la première guerre mondiale ont

13

ling exhibitions, which featured impressive enlargements. The four original and three duplicate exhibitions which toured during the war made a deep impression on all who saw them throughout Britain, Canada, and the United States;[11] they also earned a net profit of some £22,000, which the War Record Office turned over to the Canadian War Memorial Fund which assisted the work of the war artists.[12]

During most of the two decades which followed the First World War, Canada's three armed services were hampered by inadequate budgets, and could not afford the expense of extensively photographing their peacetime duties. But they did try. There was, for example, General A.G.L. McNaughton's Relief Projects scheme, intended to relieve the effects of the Depression. Working on a shoestring budget, the harrassed foreman of each project had to buy a box camera with which he was expected to take a roll of snapshots (usually indifferent in quality) of progress on his particular airfield or highway.[13] Fortunately for the future of military photography in Canada, the federal government readily made available funds for operations which had a civil application, such as aerial photography for mapmaking purposes. (Captain Henry Elsdale of the Royal Engineers had in fact taken the first aerial photographs in Canada as early as 1883, sending his camera aloft in a balloon to an altitude of 4500 feet to obtain photographs of barracks near Citadel Hill in Halifax, Nova Scotia.[14]) Beginning in 1919, the Canadian Air Board undertook the massive task of photographing the entire country in order to produce accurate maps. The Royal Canadian Air Force, which came into existence in 1924, carried on this program so effectively that it had photographed 868,000 square miles of Canada by 1939.[15] Under the leadership of such officers as Edward Owen, Cyril Walker, and Jimmy Cairns, the service developed a well-trained and properly equipped photographic branch. By 1936 it was properly

housed as well, thanks to the Relief Projects scheme which constructed the new Photographic Establishment at RCAF Station Ottawa. Fondly known as the 'White House' to all who have served there over the years, this building at Rockcliffe is today the home of Canadian Forces Photo Unit.

The nature of the Second World War created a variety of new tasks for Canadian military photography. To begin, 1,086,475 men and women served in the three armed services between 1939 and 1945, and each of them carried an identity card bearing his or her photograph. Most of the soldiers, sailors, and airmen studied photographs to learn how to operate, maintain, and repair the variety of technically complex equipment they would need to fight a modern war. And photographs were used to record what the armed services personnel looked like and what they were doing, not only for immediate public consumption but for posterity as well. An Army report in 1943 summarized the current uses of military photography:

Fundamentals of photography properly applied may render and are rendering invaluable assistance in overcoming Army problems. For example, the following functions can be served by this medium:
a) Training – slides, film strips, charts, illustrations for training publications, recording training experiments.
b) Public Information – spot news and feature illustrations for newspapers and magazines.
c) Records – experimental developments of weapons and equipment, historical events.
d) Scientific Research – photographic research on problems for all branches.
e) Identification – Army identification photographs.
f) Postal Service – microfilm service.
g) Medical and Dental – clinical record photographs and X-ray services.[16]

The origins of wartime photography in the Canadian Army are to be found in a report

which Frank C. Badgley, Commissioner of the Canadian Government Motion Picture Bureau, prepared late in 1939. Badgley advocated that the Canadian Expeditionary Force (which was already in England) should organize a special film and photographic unit:

The chief functions ... may be briefly outlined as follows: (a) To record in motion pictures and photographs the day by day activities and achievements of the Canadian Expeditionary Force, and particularly those units actively engaged in the combat zones, not only to provide an historical record, but to provide informational and inspirational material for public encouragement, the maintenance of public morale and the stimulation of recruiting and other national services. (b) To provide material for world wide distribution through the newsreels, newsphoto organizations, the press and other outlets for propaganda purposes that will serve to keep Canada's war efforts vividly before not only our own people but the rest of the world. (c) To produce instructional films, film slides and photographs for military training ... That it should be a *military unit* seems essential ... (a) In order that the fullest and most complete control over its activities and personnel may be exercised by the military authorities under whom it is bound to operate. (b) Because in all likelihood it will be called upon to undertake a great deal of work of a secret or confidential nature. (c) Because, as a military unit working among other military units, contacts will be much closer, greater cooperation will result.[17]

In 1940 a public relations photographic section was formed at Canadian Military Headquarters in London. It was the forerunner of the Canadian Army Film and Photo Unit set up in September 1941. In Canada, the photographic section of the Army's Directorate of Public Relations was organized at Ottawa in 1942.

In March 1940, Flying Officer J. Fergus Grant, the Air Press Liaison Officer of the

conservé leur intégrité artistique et leurs photos constituent des témoignages historiquement objectifs. Dans certaines autres circonstances, le souci de l'« usage authentique » de la photographie a donné des résultats positifs.

Le Bureau des Archives de guerre, à Londres, diffusait les photographies non seulement par la vente d'épreuves aux journaux et aux simples particuliers, mais aussi par des expositions itinérantes où figuraient d'impressionnants agrandissements. Les quatre expositions originales et les trois expositions en contretype qui ont fait la tournée de l'Angleterre, du Canada et des États-Unis durant la guerre ont vivement frappé les spectateurs[11]. Elles ont aussi rapporté un bénéfice net de quelque 22 000 livres sterling, somme que le Bureau des Archives de guerre a ensuite versée à la Caisse commémorative canadienne qui secondait le travail des artistes de guerre[12].

Pour la plus grande partie des vingt années qui suivirent la première guerre mondiale, les trois Armes canadiennes, limitées par des budgets insuffisants, n'avaient pas les moyens de photographier sur une grande échelle leurs activités en temps de paix. Mais ce n'est pas faute d'avoir essayé. Il y avait, par exemple, les projets d'assistance du général A.G.L. McNaughton, destinés à réduire les effets de la crise économique. Malgré un budget restreint, le contremaître de chaque projet devait acheter un appareil rectangulaire et prendre régulièrement un rouleau d'instantanés, généralement de qualité inférieure, pour montrer la progression des travaux sur le terrain d'aviation ou la grand-route[13]. Heureusement pour l'avenir de la photographie militaire canadienne, le gouvernement fédéral accorda promptement des fonds pour les travaux à caractère civil, comme la photographie aérienne à des fins cartographiques. Dès 1883, le capitaine du génie Henry Elsdale avait en effet pris les premières photographies aériennes au Canada, celles des casernes situées près de la Citadelle, à Halifax (Nouvelle-Écosse), à l'aide d'un ballon stationné à 4 500 pieds d'altitude[14]. À partir de 1919, la Commission aéronautique canadienne entreprit la tâche gigantesque de photographier le pays dans son entier, afin d'en dresser des cartes précises. L'Aviation royale du Canada, créée en 1924, a poursuivi ce programme avec tant d'efficacité qu'en 1939 elle avait photographié 868 000 milles carrés de notre territoire[15]. Sous la direction d'officiers comme Edward Owen, Cyril Walker et Jimmy Cairns, l'ARC forma une section de photographie compétente et dotée du matériel approprié. Elle fut logée dans des locaux convenables en 1936, grâce au projet d'assistance qui permit la construction du nouveau Centre de photographie à la base de l'ARC d'Ottawa. Familièrement connu sous le nom de « Maison blanche » par ceux qui y ont déjà travaillé, ce bâtiment de Rockcliffe est aujourd'hui le siège de la section de photographie des Forces canadiennes.

La seconde guerre mondiale était de nature à créer de nouvelles tâches pour les photographes militaires canadiens. Il y eut d'abord entre 1939 et 1945, 1 086 475 hommes et femmes en service dans les trois Armes, et chacun d'eux devait être muni d'une carte d'identité avec photo. La plupart des soldats, marins et aviateurs consultaient des photographies pour apprendre à utiliser, à entretenir et à réparer le matériel technique moderne. La photographie servait aussi à constituer une documentation sur le personnel et les activités des Forces armées, pour consultation immédiate aussi bien que pour la postérité. En 1943, un rapport de l'Armée résumait les usages courants de la photographie:

Le bon usage de la photographie est utile en principe et rend effectivement d'inestimables services dans la solution de problèmes militaires. Voici, à titre d'exemple, les tâches qu'elle permet de remplir:
a) formation – diapositives, films fixes, cartes, illustrations de manuels d'instruction, documents sur les expériences pédagogiques;
b) relations extérieures – communiqués de presse, illustrations de journaux et de périodiques;
c) dossiers – recherches expérimentales sur l'armement et le matériel, événements historiques;
d) recherche scientifique – recherches photographiques sur des sujets de toutes sortes;
e) identification – photos d'identité des militaires;
f) service postal – microfilms;
g) soins médicaux et dentaires – rayons X et dossiers médicaux[16].

Les débuts de la photographie de guerre dans l'Armée canadienne peuvent être retracés dans un rapport rédigé en 1939 par Frank C. Badgley, Commissaire au bureau du cinématographe. Badgley préconisait la création d'une section spéciale de cinématographie et de photographie au sein du corps expéditionnaire canadien déjà arrivé en Angleterre:

Voici, en quelques mots, ce que pourraient être ... ses principales fonctions: (a) Mettre sur film et photographier les activités et les réalisations journalières du corps expéditionnaire canadien, spécialement des unités en service dans les zones de combat, non seulement pour en faire le compte rendu historique, mais aussi pour recueillir de la documentation propre à réconforter le public et à maintenir son moral, à activer le recrutement et à stimuler le service national. (b) Recueillir des renseignements qui seront diffusés à l'échelle mondiale grâce aux films d'actualité, aux agences d'information, à la presse et aux autres moyens de propagande, afin de montrer, sous une forme frappante, tant au reste du monde qu'aux Canadiens, le rôle du Canada dans la guerre. (c) Réaliser des films, diapositives et photographies en vue de l'instruction militaire ... Il semble essentiel que l'*unité* soit *militaire* ... (i) afin que les autorités militaires dont elle relève puissent exercer le contrôle le plus absolu sur ses activités et son personnel; (ii) parce qu'elle sera vraisemblablement appelée à accomplir des travaux de nature secrète ou confidentielle; (iii) parce qu'une meilleure coopération et des contacts plus

15

RCAF, asked that the Photographic Establishment create a 'Press Photographic Section.' Grant's memorandum contained the following observations:

a) It is proposed to develop a special section, similar to that in operation at the Air Ministry in England, for the purpose of securing photographs of air force activities that may be distributed to the press of Canada, Great Britain, Australia, New Zealand, Newfoundland and other countries. These photographs should assist materially in providing the public with a clearer conception of facilities being developed here, serving as useful propaganda.

b) Newspapers and other publications are prepared to use photographs when they will not make full use of textual matter. Furthermore, one picture is the equivalent of a thousand words ... and will always attract the attention of readers. It is necessary, however, that the photographs should be good, and have news value.

c) In order to exploit the 'news' aspect of a photograph, speed in the distribution of prints to newspapers is of vital importance. This can only be achieved by men who are qualified by experience to produce material required ...

i) Of outstanding importance, so far as the British Commonwealth is concerned, is the provision of a comprehensive account of the Joint Air Training Plan for generations to come ... Textual matter should be supported by photographs, however, in order that the clearest possible conception of the subject – and in this instance one of the greatest projects for the training of personnel ever undertaken – should be provided.[18]

The result of Grant's request was the Press Liaison Section which began operating in the spring of 1940. One year later, RCAF Overseas Headquarters in London established a similar photographic section.

In May 1940 the Royal Canadian Navy began to consider possible uses of photography. The Director of Naval Information at that time was Lieutenant John Farrow, known to most people as a Hollywood film director and the husband of Maureen O'Sullivan. Farrow wrote the following eloquent memorandum:

Data preserved for the use of the Historian should not, in my opinion, be confined to the written account. Undoubtedly prose is a superior method of description and stimulates imaginations to the visualization of past deeds, but, nevertheless, the best of narrative can gain ... a sense of reality by the judicious use of the photographic art.

Therefore, it is suggested that a pictorial record should accompany the compilation of the War Diary. The perspective of time lends interest to temporary commonplaces, but, alas, cameras cannot be used retroactively. Men die, ships sink, towns and ports change their contours, and without the aid of the camera their images are left to the uncertain vehicle of memory or to be forgotten in the dry passages of dusty files.

Not only would the future Historian and his audience benefit by a complete photographic record of RCN activities, but at all times Headquarters could, at will, issue to the Press photographs of events or of persons that might be considered of topical interest.[19]

That Farrow's plea was successful is indicated by the routine order promulgated on 10 July 1940:

1 A Photographic Section has now been established in the RCN with the object of providing a fuller record of progress and occurrences of interest for record, press and propaganda purposes.
2 To commence with, one Naval Official Photographer will be stationed at Halifax, one with HMC Ships serving in United Kingdom waters, and one at NSHQ for general photographic and recording duties.
3 Each photographer will be provided with equipment and all necessary apparatus, including a darkroom ...
4 The principal duty of the Photographers will be to make a comprehensive photographic record of all aspects of Naval Work and activities, particularly special operations and any other assignments ordered for historical, news or propaganda purposes.
5 Any branch of the Service that requires photographic work such as visual reports of damage, or copies of sketches and maps ... may have such work done by the Photographic Officer ...
6 All photographs obtained are to be treated as strictly confidential until released by NSHQ. Films are to be developed by the Photographer, one contact print ... together with the negative being sent to NSHQ ... It should be noted that photographs have a far greater value to the Service when accompanied by sufficient descriptive writing to make their nature clear.[20]

Rounding out this scheme was the appointment of a Photographic Officer at Esquimault in November 1940. Late in the year, Sir Ellsworth Flavelle, an eminent amateur photographer, visited Halifax and was able to report to the Deputy Minister of the Naval Service:

I can heartily congratulate you on the personnel of your photographic staff ... I have earnestly the feeling that we have a singular opportunity in the photographic possibilities of the Royal Canadian Navy. Unlike all other navies, it is, one might say, almost brand new, and the recording of its growth would prove not only of great interest to future generations, but of very considerable value to the Navy, and to the country, in publicity and advertising.[21]

Who were the photographers who wore the uniforms of the three armed services? There were those who, either at the time of recruitment or at some time during their service

étroits découleront de son travail en tant qu'unité militaire parmi les autres[17].

En 1940 a été créée au quartier général militaire canadien, à Londres, une section de photographie des Relations extérieures qui laissait présager la mise sur pied, en septembre 1941, du service de cinématographie et de photographie de l'Armée canadienne. Au Canada, la section de photographie de la Direction des relations extérieures de l'Armée a été créée à Ottawa en 1942.

En mars 1940, le sous-lieutenant d'aviation J. Fergus Grant, officier de liaison de l'ARC avec la presse, avait demandé la création d'un bureau de photographies de presse au sein du Centre de photographie :

a) Nous proposons de créer une section spéciale, semblable à celle qui existe au sein du ministère de l'Air en Angleterre; elle serait chargée d'obtenir des photographies des activités aériennes, lesquelles pourraient être distribuées à la presse du Canada, de la Grande-Bretagne, de l'Australie, de la Nouvelle-Zélande, de Terre-Neuve et de divers autres pays. Tout en servant à la propagande, ces photographies nous aideraient à donner au public une meilleure idée de nos installations en voie d'expansion.
b) Les journaux et autres périodiques sont disposés à utiliser des photographies lorsqu'ils ne veulent pas publier un texte intégralement. En outre, une image vaut bien mille mots ... et attire toujours l'attention des lecteurs. Les photos doivent toutefois être de bonne qualité et avoir une certaine valeur documentaire.
c) Pour exploiter au maximum l'actualité de la photographie, il faut absolument que la distribution des épreuves aux journaux se fasse rapidement. Seuls les hommes qui ont l'expérience du métier peuvent y arriver ...

i) En ce qui concerne le Commonwealth britannique, il importe au plus haut point de fournir aux générations futures une description complète du Programme mixte d'entraînement

aérien ... Les textes devraient toutefois être accompagnés de photographies, afin de donner une idée aussi claire que possible du sujet traité, en l'occurrence un des plus importants programmes d'instruction jamais entrepris[18].

À la suite de quoi, fut créée, au printemps de 1940, la section de liaison avec la presse. Un an plus tard, à Londres, le quartier général outre-mer établissait une section de photographie analogue.

En mai 1940, la Marine royale du Canada commençait à étudier les possibilités d'utilisation de la photographie. À cette époque le directeur de l'information navale était le lieutenant John Farrow, célèbre réalisateur de Hollywood et mari de Maureen O'Sullivan. Voici ce qu'il écrivait :

Les données conservées à l'intention des historiens ne devraient pas, selon moi, se limiter au compte rendu écrit. La prose est, sans contredit, le meilleur moyen de description, elle a le pouvoir de stimuler l'imagination. Néanmoins, le récit le meilleur peut acquérir un air de réalité grâce à l'emploi judicieux de la photographie.

Par conséquent, nous proposons de joindre au Journal de marche un dossier photographique. Les hommes meurent, les bateaux sombrent, les villes et les ports changent de silhouette et, sans l'aide de l'appareil photographique, leur image est laissée au véhicule incertain de la mémoire, ou est condamnée à l'oubli dans des dossiers poussiéreux.

Non seulement l'historien de demain et ses lecteurs bénéficieraient de documents photographiques complets sur les activités de la MRC, mais aussi le quartier général pourrait, à volonté, fournir à la presse des photographies d'événements ou de personnes d'intérêt particulier[19].

La décision promulguée le 10 juillet 1940 témoigne du succès que remporta la requête du lieutenant Farrow :

1 Une section de photographie est créée au sein de la MRC; elle fournira, sur la suite des événements, une documentation complète qui sera déposée aux archives et, au besoin, communiquée à la presse ou utilisée à titre publicitaire.
2 Tout d'abord, un photographe officiel de la Marine sera affecté à Halifax, un autre servira à bord des navires canadiens se trouvant dans les eaux du Royaume-Uni, et un troisième sera affecté au quartier général de la Marine, pour y accomplir des tâches générales de photographie et de documentation.
3 Chaque photographe disposera du matériel et des appareils nécessaires, y compris une chambre noire ...
4 La principale fonction des photographes consistera à réunir une documentation photographique complète sur tous les aspects des activités de la Marine, particulièrement les opérations spéciales, et à remplir toute autre tâche qui pourra leur être confiée aux fins d'archives, d'information ou de publicité.
5 Toute section de la Marine qui a besoin des services de photographie, par exemple, pour la représentation visuelle de dégâts, la reproduction de croquis ou de cartes, etc., peut s'adresser à l'officier photographe.
6 Toute photographie demeure strictement confidentielle jusqu'à sa publication par le quartier général de la Marine. Les pellicules doivent être développées par le photographe ... envoyer au quartier général de la Marine le négatif et une épreuve par contact ... Les photographies sont beaucoup plus utiles lorsqu'elles sont accompagnées d'un texte descriptif[20].

Bref, en novembre 1940, un officier photographe fut nommé à Esquimalt. Vers la fin de l'année, sir Ellsworth Flavelle, éminent photographe amateur, se rendit à Halifax et soumit au sous-ministre de la Marine le rapport suivant :

careers, selected and learned the trade of photographer. Others were former commercial or press photographers who, having learned their profession in the employ of studios like Pringle and Booth or of newspapers like the Toronto *Star*, continued to practise photography in the service of their country. Three of the original photographers active in 1940 were Laurie Audrain of the Army, Norman Drolet of the Air Force, and Gerry Richardson of the Navy. Those who followed Audrain into the Canadian Army included Gordon Aikman, Ken Bell, Art Cole, Alec Dare, Mickey Dean, Ernie DeGuire, Dwight Dolan, Frank Dubervill, Barry Gilroy, Barney Gloster, Don Grant, Dan Guravich, Ken Hand, Karen Hermiston, Bud Nye, Norm Quick, Charlie Richer, Harold Robinson, Terry Rowe, Frank Royal, Jack Smith, Strathy Smith, Alex Stirton, Fred Whitcombe, and Chris Woods. Their counterparts in the Royal Canadian Air Force included E.D. Atkinson, Stu Barfoot, G.T. Berry, M.J. Bent, Roly Boulianne, Lorne Burkell, Ken Coleman, F.W. Crouch, J.H. Crump, Jack Dalgleish, Mac Ecclestone, Burt Johnson, Ron Laidlaw, E.A. MacDonald, W.A. McMurdo, J.F. Mailer, Jack Marsters, J.E. Milne, V.J. Morse, Dave Portigal, Harry Price, Paul Rockett, R.H. Roy, Cec Southward, Norma Thorne, A.E. Trotter, Hugh Walter, and Stan Wimble. The Royal Canadian Navy's photographers were, among others, Richard Arless, Dinny Dinsmore, Ken Fosbery, Glen Frankfurter, Guy Goulet, Roy Kemp, Jack Kempster, Norm Keziere, George Lawrence, Gar Lunney, Jack Mahoney, Gib Milne, Gerry Moses, Gerry Murison, Herb Nott, Bill Olson, Ed Pryor, Jim Ryan, Alf Tate, and Jacques Trepanier. Many others have doubtless been overlooked because the records have not disclosed their identities.[22]

It is possible to transcend service boundaries in discussing the studio and darkroom facilities, and the photographic equipment, at these men's disposal. In Canada, there were large and well-appointed photographic sec-

tions in the nation's capital: the Rockcliffe-based establishment of the RCAF, and those of the other two services in the Laurentian Building in downtown Ottawa. The centre of overseas activity was London: the Army's facilities were at Canadian Military Headquarters in Cockspur Street, just around the corner from the RCN darkrooms in Haymarket; the RCAF section was located a small distance away at Overseas Headquarters in Lincoln's Inn Fields.

On many occasions, however, wartime photographers were obliged to operate from premises that were far from ideal. Consider the plight of Harry Price, who had to do all his printing and developing in a bathtub located in a basement room of the headquarters of No. 6 (RCAF) Bomber Group in England. Or that of Gerry Moses, whose darkroom in HMCS *Uganda* was located directly over the cruiser's boiler rooms – certainly the hottest place in the ship, then serving with the British Pacific Fleet. Finally, there was the case of the RCAF photographic section at Lachine, Quebec, whose condition prompted the following cry of despair from one of its members:

We don't seem to be getting anywhere yet as far as photographic accommodations are concerned. Nothing has been done in the way of fixing up the darkroom or installing the glazer. The photos are dried on the floor; they all curl up, gather dust in their struggle against the atmospheric agents in drying up and look as dull as an anaemic buttock ...F/S X is doing his darndest to have some action taken but they don't seem to yield so easily to his pressure, he being only a NCO. Whenever Cpl. Y soups the films, he takes his diary with him in the darkroom ... He claims there is enough light creeping in the cracks to enable him to indulge in the reading of his past living. When prints are to be washed, Y takes them to another eight by ten cubicle about a two-minute walk from the first ... he finds the place flooded when he comes back ... the kind of work

accomplished under such conditions cannot be criticised, nor can our efforts to do a good job. But that does not help the servicing of newspapers with decent material. Naturally, a picture that's all dirty with dust and curled up like an autumn leaf from Bliss Carman's poems is not going to please the newspapers.[23]

The only reaction from Air Force Headquarters in Ottawa was an instruction to the writer to 'submit any future communications of this type in a style which would be more presentable on the official files.'

The following report on the Press Liaison Section of the RCAF Photographic Establishment, written in 1940, supplies information on the equipment used by military photographers:

4 x 5 Speed Graphic camera with Kodak f4.5 lens, using fast panchromatic material almost exclusively. Focusing by means of a Kalart coupled rangefinder. They also use a Mendlesohn speed lens for flashlight work.

All negatives are enlarged to standard Press size prints, viz. 8 x 10, with an Elwood 5 x 7 Enlarger, Kodak f4.5 lens. The enlarging paper is either PMC or Kodabrom ...

One developing solution is used exclusively for films and paper, i.e. Kodak D72, mixed on the premises from bulk chemicals.

Negatives are dried with Methylated spirits under the draft of a fan.

Prints are glazed as a matter of course and dry under a fan.

There are several useful items of equipment used in this Lab. that are home-made.

Drying racks ... help the output greatly ...

Contact prints are made when necessary on an 8 x 10 Kodak printer.

All the finished material seen was of the highest quality, the prints being very brilliant and sharp.[24]

Photographers either swore by or swore at Old Reliable, the widely used Speed Graphic press camera. It was at its best when shooting

Je tiens à vous féliciter sincèrement de la qualité du personnel de votre service de photographie ... J'ai le vif sentiment que la Marine royale du Canada dispose de possibilités exceptionnelles dans le domaine de la photographie. Contrairement aux autres marines, elle en est encore, somme toute, presque à ses débuts, et le compte rendu de son développement sera non seulement d'un grand intérêt pour les générations futures, mais d'une valeur considérable pour la Marine et le pays au point de vue publicitaire[21].

Qui étaient les photographes des trois Armes ? Certains d'entre eux, lors de leur recrutement ou au cours de leur carrière militaire, avaient choisi et appris le métier de photographe. D'autres étaient d'anciens photographes professionnels qui, ayant fait leur apprentissage dans les studios comme celui de Pringle and Booth ou ayant travaillé pour des journaux comme le *Star* de Toronto, continuèrent d'exercer leur métier au service de leur pays. Trois des premiers photographes en service en 1940 étaient Laurie Audrain, de l'Armée, Norman Drolet, de l'Aviation et Gerry Richardson, de la Marine.

Parmi ceux qui suivirent Audrain dans l'Armée canadienne, mentionnons : Gordon Aikman, Ken Bell, Art Cole, Alec Dare, Mickey Dean, Ernie DeGuire, Dwight Dolan, Frank Dubervill, Barry Gilroy, Barney Gloster, Don Grant, Dan Guravich, Ken Hand, Karen Hermiston, Bud Nye, Norm Quick, Charlie Richer, Harold Robinson, Terry Rowe, Frank Royal, Jack Smith, Strathy Smith, Alex Stirton, Fred Whitcombe et Chris Woods. Dans l'Aviation royale du Canada se trouvaient : E.D. Atkinson, Stu Barfoot, G.T. Berry, M.J. Bent, Roly Bouliane, Lorne Burkell, Ken Coleman, F.W. Crouch, J.H. Crump, Jack Dalgleish, Mac Ecclestone, Burt Johnson, Ron Laidlaw, E.A. MacDonald, M.A. McMurdo, J.F. Mailer, Jack Marsters, J.E. Milne, V.J. Morse, Dave Portigal, Harry Price, Paul Rockett, R.H. Roy, Cec Southward, Norma Thorne, A.E. Trotter, Hugh

Walter et Stan Wimble. Parmi les photographes de la Marine royale du Canada, il y avait : Richard Arless, Dinny Dinsmore, Ken Fosbery, Glen Frankfurter, Guy Goulet, Roy Kemp, Jack Kempster, Norm Keziere, George Lawrence, Gar Lunney, Jack Mahoney, Gib Milne, Gerry Moses, Gerry Murison, Herb Nott, Bill Olson, Ed Pryor, Jim Ryan, Alf Tate et Jacques Trépanier. Nous en omettons sûrement beaucoup d'autres qui n'ont pu être identifiés dans les dossiers[22].

Au Canada, la capitale nationale comptait des sections de photographie importantes et bien aménagées : le Centre de l'ARC situé à Rockcliffe, et celui des deux autres Armes, dans l'édifice Laurentien à Ottawa. Les activités outre-mer se concentraient à Londres : les installations de l'Armée se trouvaient au quartier général militaire canadien, rue Cockspur, tout près des laboratoires de la MRC; quant à la section de l'ARC, elle était située un peu plus loin, à Lincoln's Inn Fields, au quartier général outre-mer. Toutefois, en de nombreuses occasions, les photographes devaient travailler dans des conditions peu idéales. Tel était le cas de Harry Price, qui était forcé de développer et d'imprimer ses photos dans une baignoire installée au sous-sol du quartier général du 6e groupe de bombardement de l'ARC, en Angleterre, de Gerry Moses, dont la chambre noire était située au-dessus des chaudières du croiseur *Uganda*, assurément l'endroit le plus chaud du navire. Enfin, il y avait aussi la section de photographie de l'ARC, à Lachine (Québec), dont l'état faisait le désespoir d'un des membres du personnel. Il s'en plaignait en ces termes :

Rien ne semble bouger en ce qui concerne les installations du service de photographie. Rien n'a été fait pour tenter de réaménager la chambre noire ou d'installer un glaceur. Les photos doivent sécher par terre; elles s'enroulent, ramassent la poussière en séchant et sont ternes comme une vieille côtelette ... Le sergent de section X se fend en quatre pour

que ça bouge, mais il ne semble y avoir aucune réaction: il n'est, bien sûr, que sous-officier. Quand le caporal Y fait tremper ses pellicules dans la chambre noire, il apporte son journal intime ... Il affirme qu'il y a suffisamment de lumière qui pénètre par les interstices pour lui permettre de lire l'histoire de son passé. Lorsqu'il faut rincer les épreuves, Y les porte dans un autre cagibi de huit pieds sur dix, situé à quelque deux minutes du premier ... Lorsqu'il revient, tout est inondé ... Ni le travail accompli dans ces conditions, ni nos efforts pour faire de la bonne besogne ne peuvent être critiqués. Il est difficile, dans ces conditions, de fournir aux journaux de la documentation satisfaisante. Naturellement, une photographie pleine de poussière et enroulée comme une feuille d'automne des poèmes de Bliss Carman n'a rien pour plaire aux journalistes[23].

Pour toute réponse, l'auteur reçut une note du quartier général d'Ottawa lui demandant de « ... soumettre toute autre communication de ce genre en un style plus convenable pour les dossiers officiels ».

En 1940, la section de liaison avec la presse du Centre de photographie de l'ARC, fit l'objet du rapport suivant, qui donne une idée du matériel utilisé par les photographes militaires :

Sur un appareil Speed Graphic 4 x 5, à objectif Kodak f4.5, on utilise presque uniquement des pellicules panchromatiques à action rapide. La mise au point se fait au moyen d'un télémètre couplé Kalart. Pour les prises de vues au magnésium, on utilise aussi un objectif rapide Mendelsohn.

Tous les clichés sont agrandis selon les dimensions normalisées des épreuves de presse, c'est-à-dire 8 x 10, au moyen d'un agrandisseur Elwood 5 x 7 avec objectif Kodak f4.5. Les agrandissements se font sur papier PMC ou Kodabrom ...

Pour les pellicules et le papier, on utilise une seule solution de développement, la Kodak D72, préparée sur les lieux à partir de

relatively static subjects under stable conditions, however; consequently, Army and Navy photographers like Ken Bell, Alex Stirton, and Gerry Moses preferred the 2¼ x 2¼ Rolleiflex in combat situations, as it was smaller, easier to handle, and could be protected inside one's tunic from the elements. Harry Price recalls one unexpected quality of the Speed Graphic – its bulky carrying case made an excellent seat on crowded trains in wartime England. The most important accessory which the photographers lacked was a telescopic lens. Without it, Gerry Moses was unable to do justice to a subject like a distant kamikaze attack on the British Pacific Fleet, and Ken Bell could not pull in a tank battle in Normandy so as to produce striking photographs.

To obtain outstanding results, the military photographer often displayed resourcefulness and initiative. Bell went mountain-climbing to photograph alpine training in the Yoho Valley of British Columbia, and camped out to photograph woodcraft training in northern Quebec. On assignments in wartime England, where road signs had been removed, Alex Stirton became adept at reading maps, frequently with the aid of a flashlight while bouncing along in a jeep. Photographers like Bell, Stirton, Milne, and Moses operated in a variety of environments: the salt-spray-filled air and dull gray light of the North Atlantic, the muddy terrain and flat gray light of Northwest Europe, the brilliant light and extremes of climate in the Mediterranean, and the equally brilliant light and humid climate of the Pacific. They had also to take account of wartime censorship: Harry Price had to ensure that none of the photographs he took around aircraft showed any details of secret radar equipment; nor could he include more than three members of any single aircrew in a photograph, lest the Germans use such a photograph to identify captured personnel and thus obtain intelligence about squadron organization.

Gib Milne has recounted a number of an-

ecdotes which reveal the quality of wartime resourcefulness. On one occasion he took photographs of all the dockyard shipwrights in Halifax, who then showed their gratitude by fitting out Milne's new offices and darkrooms on North Street in the grand manner. At another time he ensured that the champagne bottle which would christen HMCS *Micmac* was filed so that it would shatter appropriately at the critical moment for his photograph. Then there was the time he arranged for an accomplice to turn on the lights of the Parthenon so that he could take a memorable photograph symbolic of the liberation of Greece.

Perhaps the most challenging periods to the photographer were the long hours of comparative inactivity, characteristic of wartime military life, which furnished dull and seemingly unappealing subjects for his camera. The assignments that were used to fill in time when nothing else was happening were what the Army called 'Little Joe' stories. Handled by a good photographer, even these most routine occasions could furnish memorable photographs. Both Price and Moses found such work most satisfying, because it enabled them to examine the human side of war. The strain visible on the faces of aircrew during interrogation after a bombing mission; the fortitude of merchant seamen rescued from a torpedoed freighter – subjects like these found lasting expression in their work.

Canadian reliance on photographs as an essential source of wartime information was a legacy of the photojournalism which had evolved in the 1930s. The picture story, as a powerful means of expression in magazines like *Life* and *Picture Post*, enjoyed great popularity, and the competent public relations staffs of the three services ensured the prompt and regular release of photographs to both national and local newspapers. Moreover, publication in such mass-circulation periodicals as the Montreal *Standard*, the Toronto *Star Weekly*, *Maclean's* and *Liberty* brought the photographs to a very large audience.

Because they saw the press clippings, the photographers were aware that their work was being used and appreciated. This awareness, they recall, instilled in them a sense of responsibility to the Canadian people, and spurred them on to greater achievements.

Canadian service photographers were often the first to record important events of the Second World War. Frank Royal took the first photographs to be released showing the invasion of Sicily on 10 July 1943, and Alex Stirton the first when the mainland of Italy was invaded on 3 September. Gib Milne and Frank Dubervill took the first photographs to appear in Allied newspapers of the D-Day landings in Normandy on 6 June 1944.[25] Dubervill also photographed the liberation of Paris on 26 August, while Milne went to the Mediterranean in time to be the first to photograph the invasion of southern France on 15 August, and the liberation of Greece in October. Ken Bell photographed the entry of the first Liberty ship into the vital port of Antwerp on 28 November. Frank Dubervill recorded the link-up of American and Russian troops at Torgau on the Elbe River in April 1945, and Alex Stirton rounded out matters by photographing the historic surrender ceremony at Wageningen in The Netherlands on 5 May. Because most of these scoops were achieved at the expense of the British and the Americans, they have not received the recognition they deserve.

Testifying to the risks the photographers took are the casualties they suffered and the decorations they received. Two of them died in action: Terry Rowe in Anzio in Italy early in 1944, and Jack Mahoney in the sinking of HMCS *Athabaskan*, also in 1944. Among those who won decorations were Alex Stirton and Don Grant. The citation for Stirton's MBE read as follows:

During the assault on the Gothic Line and the subsequent drive of First Canadian Corps toward the valley of the Po, Capt. Stirton as a Canadian public relations photographer

divers produits chimiques.

Les clichés sont séchés à l'alcool dénaturé et exposés au courant d'air d'un ventilateur.

Les épreuves sont glacées, puis séchées au ventilateur.

Plusieurs articles utilisés dans ce laboratoire sont des instruments de fortune.

Les séchoirs sont d'une grande utilité ...

Au besoin, on fait les épreuves par contact au moyen d'un tireur d'épreuves Kodak 8 x 10.

Le produit fini est de très haute qualité et les épreuves sont très lumineuses et précises[24].

Les photographes ne juraient que par le Speed Graphic de presse, ou tempêtaient contre ce vieil appareil à toute épreuve, d'usage très répandu. Il excellait lorsqu'on visait un sujet relativement stationnaire, dans des conditions stables, mais les photographes de l'Armée et de la Marine, comme Ken Bell, Alex Stirton et Gerry Moses, préféraient pour les scènes de combat le Rolleiflex 2¼ x 2¼, qui était petit, facile à manier et qu'on pouvait protéger contre les éléments en le glissant dans la tunique. Harry Price mentionne un avantage insoupçonné du Speed Graphic : la solidité de son étui en faisait un excellent siège dans les trains bondés d'Angleterre. L'accessoire le plus important qui a manqué aux photographes était l'objectif télescopique. C'est ce qui a empêché Gerry Moses de rendre compte comme il convenait d'un épisode aussi saisissant qu'une attaque à distance lancée par des kamikazes contre la Flotte britannique du Pacifique, et Ken Bell de photographier sur le vif un combat de blindés en Normandie.

Pour obtenir des résultats exceptionnels, le photographe militaire devait souvent faire preuve d'ingéniosité et d'initiative. Ken Bell escalada une montagne pour photographier l'entraînement en montagne dans la vallée du Yoho, en Colombie britannique, et campa en plein air pour photographier les exercices d'utilisation du terrain en forêt, dans le Nord du Québec. En mission en Angleterre pen-

dant la guerre, alors que la signalisation routière avait été enlevée, Alex Stirton devint expert dans l'art de lire les cartes, très souvent à l'aide d'une lampe de poche tout en étant secoué dans sa jeep. Des photographes comme Bell, Stirton, Milne et Moses ont travaillé dans toutes sortes de conditions : air saturé de vapeurs salées et lumière grise de l'Atlantique Nord, terrain boueux et lumière plate du Nord-Ouest de l'Europe, soleil lumineux et températures extrêmes de la Méditerranée, soleil tout aussi lumineux et climat humide du Pacifique. Il leur fallait aussi tenir compte de la censure imposée en temps de guerre : Harry Price devait veiller à ce qu'aucune photo d'avion ne laisse voir des détails sur les installations secrètes de radar; il ne pouvait non plus photographier en même temps plus de trois membres du même équipage aérien, de peur que les Allemands n'utilisent ces photos pour identifier les prisonniers militaires, et obtenir ainsi des renseignements secrets sur l'organisation de l'escadrille.

Gib Milne raconte quelques anecdos qui révèlent à quel point ces hommes avaient des ressources. Un jour qu'il avait photograié tous les charpentiers du chantier naval dphié Halifax, ceux-ci lui manifestèrent leur gratitude en aménageant de grande manière ses nouveaux bureaux et ses chambres noires, rue North. Une autre fois, il prit ses dispositions pour que la bouteille de champagne qui devait servir à baptiser le HMCS *Micmac* vole en éclats au moment même où il prendrait la photo. De même, il combina avec un complice l'allumage de toutes les lumières du Parthénon, juste le temps qu'il lui fallait pour prendre une photo mémorable symbolisant la libération de la Grèce.

Les périodes les plus difficiles pour le photographe étaient sans doute ces longues heures d'inactivité relative, qui caractérisaient la vie militaire en temps de guerre, et qui ne lui fournissaient que des sujets sans intérêt. Pendant les périodes creuses, on s'occupait à photographier des faits de tous les jours. Un bon photographe pouvait quand même tirer

de ces occupations bien ordinaires des photos mémorables. Harry Price et Gerry Moses gardaient tous deux de ce passe-temps de grandes satisfactions, car il leur permettait d'observer le côté humain de la guerre : la tension qui se lisait sur le visage d'un équipage au cours de l'interrogatoire qui suivit une mission de bombardement, le courage des matelots marchands rescapés du torpillage d'un cargo, sujets qui, grâce à leur talent, sont passés à la postérité.

L'importance que les Canadiens attachaient aux photos comme source essentielle d'information en temps de guerre découlait de l'évolution du photo-journalisme au cours des années 30. Dans les revues comme *Life* et *Picture Post*, la photographie jouissait d'une grande popularité. C'est pourquoi le personnel des Relations extérieures des trois Armes veillait à fournir régulièrement et promptement des photos aux journaux nationaux et locaux. De plus, publiées dans les périodiques à grand tirage comme le *Standard* de Montréal, le *Star Weekly*, le *Maclean's* et le *Liberty* de Toronto, ces photos s'adressaient à un très vaste public. Rien qu'un coup d'oeil sur les coupures de presse permettait aux photographes de se rendre compte de la valeur de leur travail. Les nombreux témoignages d'appréciation leur inculquèrent un sentiment de responsabilité envers le peuple canadien et les poussèrent à améliorer la qualité de leurs produits.

Les photographes militaires canadiens furent souvent les premiers à représenter les faits saillants de la seconde guerre mondiale. Frank Royal prit les premières photos de l'invasion de la Sicile, le 10 juillet 1943; Alex Stirton fut le premier à photographier l'invasion de l'Italie le 3 septembre. Gib Milne et Frank Dubervill prirent les premières photos, parues dans les journaux des Alliés, des débarquements en Normandie le Jour J, le 6 juin 1944[25]. Dubervill photographia également la libération de Paris, le 26 août, et Milne arriva en Méditerranée à temps pour prendre les premières photos de l'invasion du

accompanied the advance to record with his camera ... the achievements of Canadian fighting men.

During the battle as during previous phases of the campaign in Italy, notably the battle of Ortona and the Gustav and Hitler Line, Capt. Stirton showed the greatest skill, courage and daring in covering photographic assignments. On a great many occasions he has risked his life in order to portray accurately heroic front-line actions.

On one occasion in the Gothic Line, a Sgt. cameraman operating with Capt. Stirton's section was severely wounded while taking pictures at Mombaroccio. In spite of the continued heavy shelling and at a great risk to himself, Capt. Stirton went to his Sergeant's assistance and dragged him to a place of safety, later getting him to a first aid post. This action undoubtedly assisted greatly in saving the wounded man's life.

Capt. Stirton's photographic work in both Italy and Sicily has been outstanding and has rendered a great contribution to Canadian, British and American publications, as well as to official war records and to Allied propaganda publications issued for use in enemy territory.

Grant won the Military Cross in the following manner:

Lieut. D. I. Grant, a photographic officer with the Canadian Film and Photo Unit, came ashore at H plus 15 mins. on D-Day with an assault company of the Royal Winnipeg Rifles. His assault craft came under heavy machine gun fire as it neared the shore. Lieut. Grant, regardless of the heavy MG fire sweeping the ground around him and with no thought for his own safety, carried out with determination his job of photographing the landing of the assault troops. When the troops advanced inland he went with them, carrying out his duties in the face of intense enemy fire with remarkable coolness. Later in the day he assisted in bringing the wounded to the field dressing station.

Later in the campaign, Lieut. Grant was covering the attack on Carpiquet airfield when he came under heavy enemy mortar fire. His driver who was assisting him was killed. The body being in the open, Lieut. Grant made several attempts under intense fire to reach the body, till he himself was wounded.

At all times, this officer has carried out his duties with courage, skill and determination in the face of continual danger with no thought of his personal safety. His coolness has continually been an example and inspiration to the other members of the Film and Photo Unit.[26]

Deeds such as these went into the creation of the impressive collection of some 200,000 negatives documenting the operations of Canada's armed services from 1939 to 1945.

The tensions of the Cold War impelled Canada to maintain a high degree of military preparedness throughout the 1950s. Membership in the North Atlantic Treaty Organization, participation in the peacemaking activities of the United Nations, co-operation in the defence of North America – these were the three major commitments assumed by the country's three armed services. Canadian servicemen served not only across Canada but also in Korea, Europe, and the Middle East. These far-flung operations, together with the increasingly technological nature of military activity, ensured that there were many subjects for the military photographer to record.

Among the Army's photographers of this period were D.L. Burleson, Bill Cole, George Cooper, Alec Dare, Ernie DeGuire, John Donoghue, Bill Fenwick, George Gadde, Milton Hunt, Gord Jolley, Bill Olson, Phil Plastow, Paul Tomelin, and George Whittaker. The photographic personnel of the Royal Canadian Air Force included Harold Boulton, Ken Coleman, Hugh Courtney, Bill Czerny, Marcel Demers, Foss Fisher, Doug Frickleton, Headley Gable, Al Gauthier, Barry Herron, Don Lindsay, Max McClellan, George McLeod, Dennis Mole,

Dick Nakamura, Bill Noice, Eugene Prevost, Earl Ridley, Doug Sankey, Bill Stephen, Dick Thibault, Lloyd Walker, and Dick Wilson. Photographers who served with the Royal Canadian Navy included George Apps, Ernie Arndt, Bob Blakely, Conrad Bouffard, Cec Brown, Ken Buck, Darcy Carroll, Ernie Charles, John Colbert, Alex Colley, Bing Crosby, Richard Duiven, Art Estensen, Norm Fitzmaurice, Bob Flack, Tom Galley, Bill Giles, Charles Gordon, Eric Haywood, Doug Howes, Beech Hovey, William John, Doug Johnston, Al Jones, Norm Keziere, Norm Labossiere, Louis LeBlanc, Les McNaughton, Ernie Manuel, Ken Martin, Rollie Mayhew, Gene Miller, Bert Norbury, Jim Oakes, Ed O'Neil, Don Orrell, Don Peeling, Fred Polischuk, Jan Salter, Bud Sawyer, Don Stitt, Don Thorndick, John Turner, Jim Ward, Ken White, Scotty Yool, and Allan Young.

There were pleasant assignments, such as the RCN's winter training cruises which took Don Stitt to the West Indies on more than one occasion. During those cruises, the only cloud in the sky was the belief of some of the senior officers aboard that the most useful occupation for a seaman was wielding a paintbrush rather than a camera. Other jobs, particularly those in extreme climates, were less pleasant. Dick Nakamura, on assignment in Labrador, had to cope with intense cold that could freeze the mechanism of his camera. On the other hand, Gord Thomas found that his main problem in the Gaza Strip was keeping the sand out of his Speed Graphic's shutter.

There were also exacting assignments, the most notable of which was the completion of the war-interrupted aerial survey of Canada. It was in 1953 that units like No. 408 Squadron of the RCAF finished photographing the entire four million square miles of Canada for mapmaking purposes. Other occasions, especially during the Korean conflict, tested the resourcefulness and initiative of photographers. When he had to borrow photo-

Midi de la France, le 15 août, ainsi que de la libération de la Grèce, en octobre. Ken Bell photographia le premier navire de la catégorie « Liberty » à entrer dans l'important port d'Anvers, le 28 novembre. Frank Dubervill photographia la rencontre des troupes américaines et russes à Torgau, sur l'Elbe, en avril 1945, et Alex Stirton couronna le tout en photographiant le moment historique de la capitulation à Wageningen aux Pays-Bas, le 5 mai 1945. Comme tous ces exploits ont été réalisés en gagnant de vitesse les Britanniques ou les Américains, on s'est gardé de leur donner trop de publicité.

Les blessures qu'ils ont subies et les décorations qu'ils ont reçues témoignent des risques que couraient les photographes. Deux d'entre eux sont morts au combat : Terry Rowe à Anzio (Italie), au début de 1944, et Jack Mahoney lors du torpillage du HMCS *Athabaskan*, en 1944 également. Alex Stirton et Don Grant comptent parmi les décorés. Voici la citation qui accompagnait la décoration de Membre de l'Empire britannique (MBE), remise à Stirton :

Au cours de l'attaque de la ligne Gothique et des offensives subséquentes du 1er corps d'armée canadien dans la vallée du Pô, le capitaine Stirton, à titre de photographe canadien des relations extérieures, a suivi la progression des troupes pour photographier ... les exploits des soldats canadiens.

Durant ce combat, tout comme au cours des phases précédentes de la campagne d'Italie, notamment la bataille d'Ortona et l'attaque des lignes Gustav et Hitler, le capitaine Stirton fit preuve des plus hautes qualités d'habileté, de courage et de hardiesse dans l'exercice de ses fonctions de photographe. En de nombreuses occasions, il a risqué sa vie pour capter l'image de l'action qui se déroulait en première ligne.

À une occasion, le long de la ligne Gothique, un sergent photographe de la section du capitaine Stirton avait été grièvement blessé en prenant des photos à Mombaroccio.

Malgré le tir continu de l'ennemi et courant lui-même un grand danger, le capitaine Stirton secourut le sergent, le traîna en lieu sûr et le conduisit ensuite jusqu'à un poste de secours. Son intervention a assurément contribué à sauver la vie du blessé.

En tant que photographe, le capitaine Stirton a accompli en Italie et en Sicile un travail exceptionnel et a apporté une importante contribution à la presse canadienne, britannique et américaine, ainsi qu'aux archives officielles de guerre et à la propagande des Alliés auprès de l'ennemi.

Voici comment Grant a reçu la Croix militaire :

Le lieutenant D.I. Grant, officier photographe du service canadien de cinématographie et de photographie, débarqua le Jour J, à H h 15, avec une compagnie d'assaut du Royal Winnipeg Rifles. En s'approchant de la côte, son embarcation essuya le feu nourri des mitrailleuses ennemies. En dépit du tir soutenu qui balayait le sol autour de lui, et sans songer à sa propre sécurité, le lieutenant Grant continua résolument à photographier le débarquement des troupes d'assaut. Lorsque les troupes s'avancèrent à l'intérieur des terres, il les accompagna, exerçant ses fonctions de photographe avec un sang-froid remarquable, malgré l'intensité du tir ennemi. Le même jour, il aida à transporter les blessés au poste de secours.

Plus tard au cours de la campagne, pendant qu'il faisait un reportage sur l'attaque du terrain d'aviation de Carpiquet, il devint la cible des mortiers ennemis. Son chauffeur, qui était aussi son aide, fut mortellement atteint. Le corps de ce dernier étant à découvert, le lieutenant Grant essaya à plusieurs reprises de le rejoindre, mais fut lui-même blessé.

En tout temps, cet officier s'est acquitté de sa tâche avec courage, compétence et détermination, malgré le danger constant et sans se soucier de sa propre sécurité. Son sang-froid a servi continuellement d'exemple et d'inspira-

tion aux autres membres du service de cinématographie et de photographie[26].

Ce sont de tels exploits qui ont permis d'accumuler l'impressionnante collection de quelque 200 000 clichés, illustrant les opérations des Forces armées canadiennes au cours de la seconde guerre mondiale.

La tension de la guerre froide obligea le Canada au cours des années 50, à se tenir prêt à toute éventualité. Faire partie de l'Organisation du Traité de l'Atlantique Nord, participer aux activités des Nations Unies pour le maintien de la paix et collaborer à la défense de l'Amérique du Nord, voilà les trois principales missions dont devaient s'acquitter les trois Armes du Canada. Les militaires canadiens ont servi non seulement n'importe où au Canada, mais également en Corée, en Europe et au Moyen-Orient. L'envergure des opérations et le caractère de plus en plus technique des activités militaires mettaient à la disposition du photographe une très grande diversité de sujets.

Parmi les photographes de l'Armée de cette période se trouvaient : D.L. Burleson, Bill Cole, George Cooper, Alec Dare, Ernie DeGuire, John Donoghue, Bill Fenwick, George Gadde, Milton Hunt, Gord Jolley, Bill Olson, Phil Plastow, Paul Tomelin et George Whittaker. Le personnel du service de photographie de l'Aviation royale du Canada comprenait, entre autres : Harold Boulton, Ken Coleman, Hugh Courtney, Bill Czerny, Marcel Demers, Foss Fisher, Doug Frickleton, Headley Gable, Al Gauthier, Barry Herron, Don Lindsay, Max McClellan, George McLeod, Dennis Mole, Dick Nakamura, Bill Noice, Eugène Prévost, Earl Ridley, Doug Sankey, Bill Stephen, Dick Thibault, Lloyd Walker et Dick Wilson. Parmi ceux qui servirent dans la Marine royale du Canada, mentionnons : George Apps, Ernie Arndt, Bob Blakely, Conrad Bouffard, Cec Brown, Ken Buck, Darcy Carroll, Ernie Charles, John Colbert, Alex Colley, Bing Crosby, Richard Duiven, Art Estensen, Norm Fitzmaurice, Bob Flack, Tom Galley, Bill Giles, Charles Gordon, Eric

graphic supplies from the Royal Navy or the United States Navy, Don Stitt found that a pint of the best rum always got him what he sought. In need of transportation in Korea, Bill Olson enlisted the help of some friends and visited a nearby mess where some Americans were drinking: while he went inside and became the life of the party, his buddies short-circuited the ignition on the Americans' jeep and drove it back to camp. Bearing new licence plates and fresh stencilling, the jeep became Olson's vehicle for the first six months of his tour in Korea. In order to check the quality of his photographs, Olson developed one negative from each pack of film – working with a flashlight in his tent-darkroom – before sending the other undeveloped negatives back to Canada.

Another occupational hazard for photographers in the 1950s was frequent and extensive travel, usually on short notice. Nakamura used to keep a second uniform and his shaving kit handy at all times, as often when he returned to Ottawa he had time only to clean up and change before departing on yet another assignment. As in wartime, the peacetime photographers encountered danger. Gord Thomas remembers when he attempted to photograph a refugee camp in the Gaza Strip ; angered by his presence, the inhabitants of the camp threw rocks and overturned his jeep. Thomas took no photographs. In recognition of the excellence of his combat photography in Korea, Paul Tomelin won the British Empire Medal. All these experiences were part of the story of military photography during the fifties.

In 1917 Beaverbrook wrote with confidence that the Canadian War Record Office's entire collection of photographs would eventually 'lie for ever in the Archives of the Dominion.'[27] His prediction became reality in 1964, when the newly organized Historical Photographs Section of the Archives took custody of the collection. Following the integration of the three services in 1965,

Canadian Forces negotiated an agreement which has resulted in the transfer to the Archives of all military photographs which are more than fifteen years old. There are now more than 500,000 negatives in the National Photography Collection at the Archives, documenting the activities of all three services up to 1957. Further transfers will ensure that these holdings continue fifteen years behind current Forces' production. It is because of this that this volume does not include the works of any photographer – other than Gordon Thomas – who was active during the 1960s and 1970s. The inclusion of Thomas' work does, however, make possible a full examination of the subject of military photography since 1885. Inheritors of a great tradition, Canada's present and future military photographers will undoubtedly convey, through their work, that relentless verity characteristic of the achievements of their predecessors.

Haywood, Doug Howes, Beech Hovey, William John, Doug Johnston, Al Jones, Norm Keziere, Norm Labossière, Louis Le-Blanc, Les McNaughton, Ernie Manuel, Ken Martin, Rollie Mayhew, Gene Miller, Bert Norbury, Jim Oakes, Ed O'Neill, Don Orrell, Don Peeling, Fred Polischuk, Jan Salter, Bud Sawyer, Don Stitt, Don Thorndick, John Turner, Jim Ward, Ken White, Scotty Yool et Allan Young.

Il y avait certaines tâches agréables comme les croisières d'entraînement d'hiver de la MRC, qui ont conduit Don Stitt dans les Antilles à plusieurs reprises. Pendant ces croisières, la seule ombre au tableau était l'idée fixe de certains officiers supérieurs, qui estimaient que l'occupation la plus utile à bord pour un marin était de manier le pinceau plutôt que l'appareil photo. D'autres tâches, particulièrement dans les climats les plus rigoureux, étaient moins plaisantes. Dick Nakamura, affecté au Labrador, devait endurer un froid intense qui gelait le mécanisme de son appareil. Ailleurs, dans l'enclave de Gaza, le principal souci de Gord Thomas était d'empêcher le sable de pénétrer dans son appareil Speed Graphic.

Il y avait également des tâches exigeantes, dont la plus remarquable fut de terminer le lever aérophotogrammétrique du territoire canadien, interrompu par la guerre. C'est en 1953 que des unités comme le 408e escadron de l'ARC ont fini de photographier à des fins cartographiques les quatre millions de milles carrés du Canada. Parfois, surtout pendant la guerre de Corée, les ressources et l'initiative des photographes étaient mises à l'épreuve. Lorsqu'il devait emprunter du matériel photographique de la Marine britannique ou de la Marine américaine, Don Stitt savait qu'avec une bouteille de bon rhum il pouvait toujours obtenir ce dont il avait besoin. En Corée, ayant besoin d'un moyen de transport, Bill Olson s'assura le concours de quelques amis et se rendit à un mess avoisinant, où des Américains étaient en train de boire. Pendant qu'à l'intérieur il devenait le boute-en-train de

la fête, ses copains s'empressèrent de court-circuiter l'allumage de la jeep américaine et de la conduire à leur camp. Après avoir changé les plaques et les marques d'identification, Bill utilisa la jeep durant les six premiers mois de son séjour en Corée. Pour vérifier la qualité de ses photos, il gardait un cliché de chaque pellicule avant de l'envoyer au Canada. Il faisait ce travail la nuit, dans sa tente, à la lumière d'une lampe de poche.

De longs et fréquents voyages, habituellement annoncés à la dernière minute, faisaient partie des risques de la profession pendant les années 50. Nakamura avait l'habitude de garder toujours à portée de la main un second uniforme et son nécessaire à barbe, car très souvent, lorsqu'il rentrait à Ottawa, il n'avait que le temps de faire sa toilette et de se changer avant de repartir. En temps de paix comme en temps de guerre, le photographe était exposé au danger. Gord Thomas se souvient du jour où il essaya de photographier un camp de réfugiés dans l'enclave de Gaza; furieux de sa présence, les habitants du camp lui lancèrent des pierres et renversèrent sa jeep. Thomas ne put prendre aucune photo. En témoignage de reconnaissance pour l'excellence de ses photos de combat en Corée, Paul Tomelin reçut la Médaille de l'Empire britannique. Tous ces faits font partie de l'histoire de la photographie militaire des années 50.

En 1917, Beaverbrook écrivait qu'à son avis toute la collection de photos du Bureau des Archives de guerre du Canada était destinée à reposer à tout jamais dans les Archives du Dominion[27]. C'est ce qui se produisit en 1964, quand la nouvelle section des photographies historiques des Archives se chargea de conserver cette collection. Après l'intégration des trois Armes en 1965, les Forces canadiennes se mirent d'accord pour céder aux Archives toutes les photographies militaires qui remontaient à plus de quinze ans. La collection nationale de photographies qui se trouve aux Archives compte maintenant plus de 500 000 clichés, représentant les activités

des trois Armes jusqu'en 1957. On continuera à confier aux Archives tous les documents du genre vieux de plus de quinze ans. C'est en raison de cet écart que les photographes des années 60 à 70 ne sont pas mentionnés ici, – à l'exception de Gordon Thomas dont l'oeuvre nous permet d'avoir une vue complète de la photographie militaire depuis 1885. Héritiers d'une grande tradition, nos photographes militaires actuels et futurs continueront sans aucun doute dans la voie de cette irréductible vérité qui caractérise l'oeuvre de leurs prédécesseurs.

25

Acknowledgments

A number of individuals and institutions have
co-operated in the preparation of this work.
Both Frederick Peters, the son of James Peters,
and Hartley Hawkins, the nephew of Henry
Woodside, have furnished information and
photographs. I am particularly grateful to the
photographers themselves, not only for
selecting their best works but also for recording their experiences on tape: Bill Rider-
Rider, Ken Bell, Gib Milne, Harry Price,
Alex Stirton, Gerry Moses, Bill Olson,
Dick Nakamura, Don Stitt, and Gordon
Thomas. Credit is also due to the personnel
of Canadian Forces Photo Unit, and of
Canadian Forces Directorate of Information
Services, for their assistance. I am indebted
to all my colleagues at the Public Archives for
their help and for their patience. Stan Fillmore
has ably edited the manuscript for publication
by the University of Toronto Press.

26

Remerciements

Un certain nombre de personnes et d'organismes ont collaboré à la préparation de cet ouvrage. Frederick Peters, fils de James Peters, et Hartley Hawkins, neveu de Henry Woodside, ont fourni des informations et des photographies. Je suis particulièrement reconnaissant aux photographes eux-mêmes, non seulement d'avoir choisi leurs meilleures oeuvres, mais également d'avoir accepté de nous faire part de leurs aventures qui ont été enregistrées sur bande magnétique. Ce sont Bill Rider-Rider, Ken Bell, Gib Milne, Harry Price, Alex Stirton, Gerry Moses, Bill Olson, Dick Nakamura, Don Stitt et Gordon Thomas. Le personnel de l'unité de photographie et de la Direction des services d'information des Forces canadiennes nous ont également beaucoup aidé. Je sais gré à tous mes collègues des Archives publiques de leur collaboration et de leur patience. Stan Fillmore a soigneusement revisé le manuscrit avant sa publication.

27

Notes

1/Ottawa *Journal*, 16 June 1917, p. 18

2/'Photographs Taken Under Fire,' *The Canadian Militia Gazette*, I, No. 32 (15 December 1885), p. 252

3/Canadian War Records Office, *Report submitted by the Officer in charge to the Right Honourable Sir Robert L. Borden*, KCMG, MP (London, 1917), p. 6

4/PAC, Records of the Department of Militia and Defence, RG 9, III, Vol. 72, File 10-8-11, Lieutenant-Colonel Lord Beaverbrook to the Rt Hon Sir George Perley, 3 April 1917

5/PAC, Central Registry, Letter 26490, William Rider-Rider to Peter Robertson, April 1971

6/MWO J. L. Wilson, 'He Brought Back the Front,' *Sentinel*, VII, No. 8 (October 1971), p. 30, and J. M. Ruttan, 'William Rider-Rider, World War I Army Photographer,' *Carillon Canada*, IV, No. 4 (October-December 1971), II

7/This quotation, and others from the military photographers whose work is represented in this collection, unless otherwise attributed come from a series of tape-recorded interviews by the author, transcriptions of which are deposited in the Public Archives. Catalogue details are given in the bibliography.

8/*Canadian Daily Record*, 10 January 1919, p. 5

9/Canadian War Records Office, *Report submiitted by the officer in charge ...* p. 6

10/PAC, Records of the Department of Militia and Defence, RG 9, III, Captain Wilfred Holt-White to Lieutenant-Colonel R. Manley Sims, 14 July 1916

11/See, for example, the description of the opening of the second exhibition of Canadian Official photographs at the Grafton Galleries in London, in *The Canadian Gazette*, 19 July 1917, p. 362.

12/PAC, Records of the Department of Militia and Defence, RG 9, III ,Vol. 72, File 10-8-11A, 'Memorandum re Canadian War Records,' 1919

13/PAC, Records of the Department of National Defence, RG 24, C9, Vol. 2963, File HQ 1376-11-34, QMG Unemployment Relief Letter No. 8, 29 March 1933

14/*Journal of the Royal Engineers*, LXXVI, No. 3 (September 1962) p. 259

15/Leslie Roberts, *There Shall be Wings* (Toronto, 1959), p. 82

16/PAC, Records of the Department of National Defence, RG 24, Vol. 6541, File HQ650-92-23, Captain W. S. Durdin 'Report on Formation of Directorate of Photography (Army),' 14 October 1943

17/PAC, Records of the Wartime Information Board, RG 36, 31, Vol. 16, File 9-A-6, F. C. Badgley to W. S. Thompson, 3 January 1940

18/PAC, Records of the Department of National Defence, RG 24, Vol. 4898, File HQ895-8114 Vol. 1, Air Commodore L. S. Breadner, AMAS, per F/O J. Fergus Grant, to Air Commodore G. O. Johnson, AMOT, 20 March 1940

19/PAC, Records of the Department of National Defence, RG 24, Vol. 4115, File NSS1000-5-16 Vol. 1, Memorandum by Lieutenant John Farrow, 16 May 1940

20/*Ibid.*, 10 July 1940

21/PAC, Records of the Department of National Defence, RG 24, Vol. 8165, File NS1700-100/42, Sir Ellsworth Flavelle to K. S. Maclachlan, 30 October 1940

22/Many of the negatives which now form part of the National Photography Collection of the Public Archives bear no attribution. Research is in progress to determine the identities of photographers wherever possible.

23/PAC, Records of the Department of National Defence, RG 24, Vol. 3339, File HQ300-7-2 Vol. 2, Corporal J. A. Friolet to F/L J. M. Coldwell, 26 February 1945

24/PAC, Records of the Department of National Defence, RG 24, Vol. 4115, File NSS1000-5-16 Vol. 1, C. M. Nelles 'List of Equipment at the Press Liaison Department of the RCAF, Rockcliffe Airport,' 13 June 1940

25/William A. Burt, 'How Gib Milne made the big time in photography,' *Canadian Photography*. III, No. 5 (June 1972), II and Jon Farrell, 'History in the Taking: Some Notes About the Canadian Army Film and Photo Unit,' *Canadian Geographical Journal*, XXX, No. 6 (June 1945), p. 284

26/Both citations from PAC, Records of the Department of National Defence, RG 24, Vol. 59, File HQ650-92-70, Memorandum 'Casualties and Honours and Awards: P. R.Personnel,' 21 September 1945

27/Canadian War Records Office, *Report submitted by the Officer in charge ...* p. 7

Notes

1/*The Ottawa Journal*, 16 juin 1917, p. 18

2/« Photographs Taken Under Fire », *The Canadian Militia Gazette*, I, n° 32, 15 décembre 1885, p. 252

3/Bureau des Archives de guerre du Canada, *Report submitted by the Officer in charge to the Right Honourable Sir Robert L. Borden*, KCMG, MP, Londres, 1917, p. 6

4/APC, Archives du ministère de la Milice et de la Défense, RG 9, III, vol. 72, dossier 10-8-11, lieutenant-colonel lord Beaverbrook au très honorable sir George Perley, 3 avril 1917

5/APC, Dépôt central des dossiers, lettre 26490, William Rider-Rider à Peter Robertson, avril 1971

6/Adjudant-chef J. L. Wilson, « Les balles sifflaient ... les obus éclataient ... lui, photographiait ... », *Sentinelle*, VII, n° 8, octobre 1971, p. 30, et J. M. Ruttan, « William Rider-Rider, World War I Army Photographer », *Carillon Canada*, IV, n° 4, octobre-décembre 1971, II

7/Sauf indication contraire, cette citation, comme celles d'autres photographes militaires dont l'oeuvre est représentée dans la présente collection, est tirée d'une série d'entrevues enregistrées sur magnétophone par l'auteur, et dont la transcription est déposée aux Archives publiques. Les détails du catalogue se trouvent dans la bibliographie.

8/*Canadian Daily Record*, 10 janvier 1919, p. 5

9/Bureau des Archives de guerre du Canada, *Report submitted by the Officer in charge ...*, p. 6

10/APC, Archives du ministère de la Milice et de la Défense, RG 9, III, capitaine Wilfred Holt-White au lieutenant-colonel R. Manley Sims, 14 juillet 1916

11/Voir, par exemple, la description de l'inauguration de la deuxième exposition de photographies officielles canadiennes, aux Grafton Galleries de Londres, dans *The Canadian Gazette*, 19 juillet 1917, p. 362

12/APC, Archives du ministère de la Milice et de la Défense, RG 9, III, vol. 72, dossier 10-8-11A, « Memorandum re Canadian War Records », 1919

13/APC, Archives du ministère de la Milice et de la Défense, RG 24, C 9, vol. 2963, dossier HQ 1376-11-34, QMG, « Unemployment Relief Letter No. 8 », 29 mars 1933

14/*Journal of the Royal Engineers*, LXXVI, n° 3, septembre 1962, p. 259

15/Leslie Roberts, *There Shall be Wings*, Toronto, 1959, p. 82

16/APC, Archives du ministère de la Défense nationale, RG 24, vol. 6541, dossier HQ 650-92-23, capitaine W. S. Durdin, « Report on Formation of Directorate of Photography (Army) », 14 octobre 1943

17/APC, Archives de la Commission d'information en temps de guerre, RG 36, 31, vol. 16, dossier 9-A-6, F. C. Badgley à W. S. Thompson, 3 janvier 1940

18/APC, Archives du ministère de la Défense nationale, RG 24, vol. 4898, dossier HQ 895-8114, vol. 1, commodore de l'Air L. S. Breadner, AMAS, par l'intermédiaire du sous-lieutenant d'aviation J. Fergus Grant, au commodore de l'Air G. O. Johnson, AMOT, 20 mars 1940

19/APC, Archives du ministère de la Défense nationale, RG 24, vol. 4115, dossier NSS 1000-5-16, vol. 1, mémorandum du lieutenant John Farrow, 16 mai 1940

20/*Id.*, 10 juillet 1940

21/APC, Archives du ministère de la Défense nationale, RG 24, vol. 8165, dossier NS 1700-100/42, sir Ellsworth Flavelle à K. S. Maclachlan, 30 octobre 1940

22/Nombre de clichés faisant maintenant partie de la collection nationale de photographies des Archives publiques ne portent aucune indication de provenance. Des recherches sont en cours pour déterminer autant que possible l'identité des photographes.

23/APC, Archives du ministère de la Défense nationale, RG 24, vol. 3339, dossier HQ 300-7-2, vol. 2, caporal J. A. Friolet au lieutenant de section J. M. Coldwell, 26 février 1945

24/APC, Archives du ministère de la Défense nationale, RG 24, vol. 4115, dossier NSS 1000-5-16, vol. 1, C. M. Nelles, « List of Equipment at the Press Liaison Department of the RCAF, Rockcliffe Airport », 13 juin 1940

25/William A. Burt, « How Gib Milne made the big time in photography », *Canadian Photography*, III, n° 5, juin 1972, II, et Jon Farrell, « History in the Taking: Some Notes About the Canadian Army Film and Photo Unit », *Canadian Geographical Journal*, XXX, n° 6, juin 1945, p. 284

26/Les deux citations sont tirées des APC, Archives du ministère de la Défense nationale, RG 24, vol. 59, dossier HQ 650-92-70, mémorandum « Casualties and Honours and Awards: P. R. Personnel », 21 septembre 1945

27/Bureau des Archives de guerre du Canada, *Report submitted by the Officer in charge ...*, p. 7

Bibliography

Bell, G. K. *Curtain Call*. Toronto, 1953

Brace, Irvine A. 'Ken Bell: 40 years a photographer and he'd do it all over again,' *Canadian Photography*, III, No. 5, June 1972, 18-23 and 43

Burt, William A. 'How Gib Milne made the big time in photography,' *Canadian Photography*, II, No. 9 October 1971, 11-16

Canada's Weekly. Vols. CXIV – CXXVI. London, 1939-1946

Canadian Geographical Journal. Vols. XIX-XXXI. Ottawa, 1939-1945

Canadian War Records Office. *Report submitted by the Officer in charge to the Right Honourable Sir Robert L. Borden*, KCMG, MP. London, 1917

– *Report submitted by the Officer in Charge to the Honourable Sir Edward Kemp*, KCMG, MP London, 1918

– *Report submitted by Lord Beaverbrook to the Honourable Sir Edward Kemp*, KCMG, MP London, 1919

'Care to guess when Canada's first aerial shot was made? Believe 1883?' *Canadian Industrial Photography*, X, No. 4, September-October 1967, 22-25 and 49

[Castle, Captain Ivor.] 'With a Camera on the Somme,' *Canada in Khaki*, I, London, 1917, 68

Farrell, Jon. 'History in the Taking: Some Notes About the Canadian Army Film and Photo Unit,' *Canadian Geographical Journal*, XXX, No. 6, June 1945, 276-289

'Forces photo school puts practice first,' *Canadian Professional Photography*, XII, No. 8, January 1970, 13-16

Gernsheim, Helmut, and Alison Gernsheim. *The History of Photography from the Earliest Use of the Camera Obscura in the Eleventh Century up to 1914*. London, 1955

Goodspeed, Lieutenant-Colonel D. J., ed. *The Armed Forces of Canada 1867-1967*. Ottawa, 1967

Greenhill, Ralph. *Early Photography in Canada*. Toronto, 1965

Journal of the Royal Engineers, Vol. LXXVI

McNeill, Lieutenant Robin. 'Cameras in Action,' *Canadian Professional Photography*, XII, No. 8, January 1970, 9-12

– 'Photography ... a mile of film per day,' *Sentinel*, VI, No. 4 ,April 1970, 18-25

Milne, Gilbert A. *HMCS*. Toronto, 1960

Moyes, P.J.R. *Bomber Squadrons of the RAF (and RCAF) and their Aircraft*, London, 1964

Nicholson, Colonel G. W. L. *The Canadians in Italy 1943-1945*. Ottawa, 1956

– *Canadian Expeditionary Force 1914-1919*. Ottawa, 1962

'Photographs Taken Under Fire,' *The Canadian Militia Gazette*, I, No. 32, 15 December 1885, 252

Public Archives of Canada. Foreign Office General Correspondence, United States of America, Manuscript Group 12, C, F.O. 5, Vol. 1669. Captain D. R. Cameron's Report on the North American Boundary Commission, 1876. Microfilm Reel B-1153

– Record Group 9. Records of the Department of Militia and Defence

– Record Group 24. Records of the Department of National Defence

– Record Group 36. Records of Boards, Offices, Commissions

– Sound Recordings Accession 1972-27. William Rider-Rider Collection. Interview of William Rider-Rider by Peter Robertson. 18-19 May 1971

– Sound Recordings Accession 1972-47.

Henry E. Price Collection. Interview of Harry Price by Peter Robertson, 23 August 1972

– Sound Recordings Accession 1972-59. Gilbert A. Milne Collection. Interview of Gilbert Milne by Peter Robertson, 3 October 1972

– Sound Recordings Accession 1972-66. Gerald M. Moses Collection. Interview of Gerald Moses by Peter Robertson, 10 November 1972

– Sound Recordings Accession 1972-81. Gordon E. Thomas Collection. Interview of Gordon Thomas by Peter Robertson, 15 December 1972

– Sound Recordings Accession 1973-4. Donald M. Stitt Collection. Interview of Donald Stitt by Peter Robertson, 8 January 1973

– Sound Recordings Accession 1973-8. Alex M. Stirton Collection. Interview of Alex Stirton by Peter Robertson, 11, 12, and 23 January 1973

– Sound Recordings Accession 1973-19. Richard Y. Nakamura Collection. Interview of Richard Nakamura by Peter Robertson, 26 January 1973

– Sound Recordings Accession 1973-20. Wilfred H. Olson Collection. Interview of Bill Olson by Peter Robertson, 6 February 1973

– Sound Recordings Accession 1973-21. Kenneth Bell Collection. Interview of Kenneth Bell by Peter Robertson, 19 January 1973

Roberts, Leslie. *There Shall Be Wings*. Toronto, 1959

Ruttan, J. M. 'William Rider-Rider, World War I Army Photographer,' *Carillon Canada*,

Bibliographie

Archives publiques du Canada. Correspondance officielle du Foreign Office, États-Unis d'Amérique, groupe de manuscrits n° 12, C, F.O.5, vol. 1669. Capitaine D.R. Cameron, « Report on the North American Boundary Commission », 1876. Microfilm B-1153

– RG 9. Archives du ministère de la Milice et de la Défense

– RG 24. Archives du ministère de la Défense nationale

– RG 36. Archives de conseils, bureaux, commissions

– Archives sonores 1972-27. Collection William Rider-Rider. Interview de William Rider-Rider par Peter Robertson, 18-19 mai 1971

– Archives sonores 1972-47. Collection Henry E. Price. Interview de Harry Price par Peter Robertson, 23 août 1972

– Archives sonores 1972-59. Collection Gilbert A. Milne. Interview de Gilbert Milne par Peter Robertson, 3 octobre 1972

– Archives sonores 1972-66. Collection Gerald M. Moses. Interview de Gerald Moses par Peter Robertson, 10 novembre 1972

– Archives sonores 1972-81. Collection Gordon E. Thomas. Interview de Gordon Thomas par Peter Robertson, 15 décembre 1972

– Archives sonores 1973-4. Collection Donald M. Stitt. Interview de Donald Stitt par Peter Robertson, 8 janvier 1973

– Archives sonores 1973-8. Collection Alex M. Stirton. Interview d'Alex Stirton par Peter Robertson, 11, 12 et 23 janvier 1973

– Archives sonores 1973-19. Collection Richard Y. Nakamura. Interview de Richard Nakamura par Peter Robertson, 26 janvier 1973

– Archives sonores 1973-20. Collection Wilfred H. Olson. Interview de Bill Olson par Peter Robertson, 6 février 1973

– Archives sonores 1973-21. Collection Kenneth Bell. Interview de Kenneth Bell par Peter Robertson, 19 janvier 1973

Bell, G.K. *Curtain Call*. Toronto, 1953

Brace, Irvine A. « Ken Bell : 40 years a photographer and he'd do it all over again », *Canadian Photography*, III, n° 5, juin 1972, pp. 18-23 et 43

Bureau des Archives de guerre du Canada. *Report submitted by the Officer in Charge to the Right Honourable Sir Robert L. Borden*, KCMG, MP, Londres, 1917

– *Report submitted by the Officer in Charge to the Honourable Sir Edward Kemp*, KCMG, MP, Londres, 1918

– *Report submitted by Lord Beaverbrook to the Honourable Sir Edward Kemp*, KCMG, MP, Londres, 1919

Burt, William A. « How Gib Milne made the big time in photography », *Canadian Photography*, II, n° 9, octobre 1971, pp. 11-16

Canada's Weekly, vol. CXIV-CXXVI. Londres, 1939-1946

Canadian Geographical Journal, vol. XIX-XXXI. Ottawa, 1939-1945

Canadian Industrial Photography, « Care to guess when Canada's first aerial shot was made ? Believe 1883 », X, n° 4, septembre-octobre 1967, pp. 22-25 et 49

Canadian Militia Gazette, « Photos Taken Under Fire », I, n° 32, 15 décembre 1885, p. 252

Canadian Professional Photography, « Forces photo school puts practice first », XII, n° 8, janvier 1970, pp. 13-16

Castle, capitaine Ivor. « With a camera on the Somme », *Canada in Khaki*, I, Londres, 1917, p. 68

Farrell, Jon. « History in the Taking : Some Notes About the Canadian Army Film and Photo Unit », *Canadian Geographical Journal*, XXX, n° 6, juin 1945, pp. 276-89

Gernsheim, Helmut et Alison Gernsheim. *The History of Photography from the Earliest Use of the Camera Obscura in the Eleventh Century up to 1914*. Londres, 1955

Goodspeed, lieutenant-colonel D.J., éd. *Les Forces armées du Canada, 1867-1967*. Ottawa, 1967

Greenhill, Ralph. *Early Photography in Canada*. Toronto, 1965

Journal of the Royal Engineers, vol. LXXVI

McNeill, lieutenant Robin. « Cameras in Action », *Canadian Professional Photography*, XII, n° 8, janvier 1970, pp. 9-12

– « La photographie dans nos Forces armées », *Sentinelle*, VI, n° 4, avril 1970, pp. 22-27

Milne, Gilbert A. *HMCS*. Toronto, 1960

Moyes, P.J.R. *Bomber Squadrons of the RAF (and RCAF) and their Aircraft*. Londres, 1964

Nicholson, colonel G.W.L. *Les Canadiens en Italie, 1943-1945*. Ottawa, 1960

– *Corps expéditionnaire canadien, 1914-1919*. Ottawa, 1963

Roberts, Leslie. *There Shall Be Wings*. Toronto, 1959

Ruttan, J.M. « William Rider-Rider, World War I Army Photographer », *Carillon Canada*, IV, n° 4, octobre-décembre 1971, p. 11

IV, No. 4, October-December 1971, 11

Schull, Joseph. *The Far Distant Ships: An Official Account of Canadian Naval Operations in the Second World War*. Ottawa, 1950

Stacey, Colonel C. P. *Six Years of War: The Army in Canada, Britain and the Pacific*. Ottawa, 1955

– *The Victory Campaign: The Operations in North-West Europe 1944-45*. Ottawa, 1960

The Canadian Daily Record. Vols. 1-8. London, 1917-19

The Canadian Gazette. Vols. LXVII-LXXII. London, 1916-19

The Morning Chronicle (Quebec City). April-September 1885

Thomas, w/c R. I. 'Photographic Operations of the Royal Canadian Air Force.' *Arctic*, III, December 1950, 150-65

Thorgrimsson, Thor, and E. C. Russell. *Canadian Naval Operations in Korean Waters 1950-1955*. Ottawa, 1965

Whitcombe, Fred, and Blair Gilmour. *The Pictorial History of Canada's Army Overseas 1939-1945*. Montreal, 1947

Wilson, MWO J. L. 'He Brought Back the Front,' *Sentinel*, VII, No. 8, October 1971, 29-35

Wood, Lieutenant-Colonel H. F. *Strange Battleground: Official History of the Canadian Army in Korea*. Ottawa, 1966

Woodside, H. J. 'Military Services of Major Henry J. Woodside of Ottawa.' Unpublished manuscript

Schull, Joseph. *Lointains navires : compte rendu officiel des opérations de la Marine canadienne au cours de la Seconde Grande Guerre*. Ottawa 1953

Stacey, colonel C.P. *Six années de guerre : l'Armée au Canada, en Grande-Bretagne et dans le Pacifique*. Ottawa, 1957

– *La Campagne de la victoire : les opérations dans le Nord-Ouest de l'Europe, 1944-1945*. Ottawa, 1960

The Canadian Daily Record, vol. 1-8. Londres 1917-19

The Canadian Gazette, vol. LXVII-LXXII. Londres, 1916-19

The Morning Chronicle, Québec, avril-septembre 1885

Thomas, commandant d'escadrille R.I. « Photographic Operations of the Royal Canadian Air Force », *Arctic*, III, décembre 1950, pp. 150-65

Thorgrimsson, Thor et E.C. Russell. *Les opérations des forces navales canadiennes dans les eaux coréennes, 1950-1955*. Ottawa, 1965

Whitcombe, Fred et Blair Gilmour. *The Pictorial History of Canada's Army Overseas, 1939-1945*. Montréal, 1947

Wilson, adjudant-chef J.L. « Les balles sifflaient ... les obus éclataient ... lui, photographiait », *Sentinelle*, VII, n° 8, octobre 1971, pp. 28-35

Wood, lieutenant-colonel H.F. *Singulier champ de bataille : Histoire officielle de l'Armée canadienne en Corée*. Ottawa, 1966

Woodside, H.J. « Military Services of Major Henry J. Woodside of Ottawa ». Manuscrit inédit

IRRÉDUCTIBLE VÉRITÉ   **RELENTLESS VERITY**

36

James
Peters

1853-1927

James
Peters

Born and raised in Saint John, New Brunswick, James Peters began his military career at the age of seventeen with the 62nd Saint John Fusiliers of the active militia during the Fenian raid of 1870. Two years later, he joined the permanent force 'A' Battery of the School of Gunnery at Kingston, Ontario. Following a tour of garrison duty at Fort Garry, Manitoba, Peters returned to Kingston in 1873 where he qualified as a lieutenant in 1874 and was promoted to captain in 1878. In 1881 he went to England as adjutant of the first Canadian artillery team to take part in the Shoeburyness competition.

During the Northwest Rebellion of 1885, Captain Peters commanded 'A' Battery of the Regiment of Canadian Artillery in the actions at Fish Creek and Batoche and in the pursuit of the Cree chief Big Bear. For his conspicuous service, he was mentioned in despatches. During this campaign he also acted as correspondent for the Quebec *Morning Chronicle* and found time to pursue his hobby of photography, becoming in the process the first Canadian military photographer.

In 1887, Major Peters assumed command of the newly-formed 'C' Battery, RCA, which crossed Canada to take up station at Esquimalt, British Columbia. Promoted to the rank of lieutenant-colonel in 1890, he served at Victoria from 1893 to 1901 as District Officer Commanding Military District No. 11. He held the same appointment in Military District No. 1 at London, Ontario, from 1901 to 1909, and then returned to Victoria. After thirty-seven years of service, Colonel Peters retired in 1910 to live near Work Point Barracks in Victoria. Following his death in 1927, the Victoria *Daily Colonist* characterized him as 'a distinguished officer, a first-class sportsman and one who enjoyed popularity in a marked degree among all classes of the community.'

James
Peters

Né et élevé à Saint-Jean (Nouveau-Brunswick), James Peters commence sa carrière
militaire à dix-sept ans dans le 62nd Saint
John Fusiliers de la Milice active, lors de
l'attaque des Fenians en 1870. Deux ans plus
tard, il passe à la batterie « A » de la Force
permanente, à l'École de tir de Kingston
(Ontario). Après une période de service de
garnison, à Fort Garry (Manitoba), il retourne à Kingston, en 1873, où il est promu
lieutenant en 1874 et capitaine en 1878. En
1881, il est adjudant de la première équipe
d'artillerie canadienne à participer à l'épreuve
de Shoeburyness, en Angleterre.

Pendant la Rébellion du Nord-Ouest, en
1885, il commande la batterie « A » du régiment de l'artillerie canadienne, qui se distingue à Fish Creek, à Batoche et dans la
poursuite de Gros-Ours, chef des Cris : il est
cité à l'ordre du jour. Au cours de cette campagne, il fait également fonction de correspondant du *Morning Chronicle* de Québec, et
trouve le temps de s'adonner à son passe-
temps préféré, la photographie, devenant
ainsi le premier photographe militaire
canadien.

En 1887, il assume le commandement de la
nouvelle batterie « C » du régiment, qui traverse le Canada pour prendre garnison à
Esquimalt (Colombie britannique). Promu
lieutenant-colonel en 1890, il commande, à
Victoria, de 1893 à 1901, le 11e district militaire. De 1901 à 1909, il occupe le même
poste au 1er district militaire, à London
(Ontario), puis retourne à Victoria. Il prend
sa retraite en 1910 après trente-sept années de
service, et s'installe à proximité de la caserne
Work Point, à Victoria. À sa mort, en 1927,
le *Daily Colonist* de Victoria écrit : « C'était
un officier distingué et un sportif de premier
ordre, qui jouissait d'une grande popularité
dans tous les milieux. »

Major-General Frederick D. Middleton,
Commander of the Canadian militia, and his
two wounded aides, Captain H.E. Wise and
Lieutenant A.E. Doucet, after the battle of
Fish Creek, Northwest Territories, 25 April
1885

Le major-général Frederick D. Middleton,
commandant la Milice canadienne, et ses
deux officiers d'ordonnance blessés, le capitaine H.E. Wise et le lieutenant A.E. Doucet,
après la bataille de Fish Creek (Territoires du
Nord-Ouest), le 25 avril 1885

Troopers of Boulton's Scouts, Fish Creek,
25 April 1885

Cavaliers des Éclaireurs de Boulton, à Fish
Creek, le 25 avril 1885

42

Trooper on grisly detail sews corpses into
canvas burial sacks, Fish Creek, April 1885

Cadavres cousus dans un suaire avant leur
inhumation, Fish Creek, en avril 1885

Horses, supplies, and troopers share a river
ferry at Fort Carlton, May 1885

Chevaux et ravitaillement chargés sur le bac
du fort Carlton, en mai 1885

44

Guns of 'A' Battery, Regiment of Canadian
Artillery, shelling rebels' gun positions on
the first day of the battle of Batoche, the
decisive engagement of the campaign,
9 May 1885

Canons de la batterie « A » de l'Artillerie
canadienne, bombardant les emplacements
de canons des rebelles, le premier jour de la
bataille de Batoche, engagement décisif de la
campagne, le 9 mai 1885

45

Officers resting inside the 'zareba,' a make-
shift stockade, at Batoche, about 10 May 1885

Officiers au repos dans le *zareba*, espèce de
palissade improvisée, à Batoche, vers le 10
mai 1885

46

Troops under General Middleton's command
break camp at Gardepuis Crossing, about
16 May 1885

Troupes du major-général F.D. Middleton
levant le camp à Gardepuis Crossing, vers le
16 mai 1885

Louis Riel, leader of the 1885 rebellion, as a
prisoner in the camp of Major-General F.D.
Middleton at Batoche, about 16 May 1885

Louis Riel, chef de la rébellion de 1885,
prisonnier au camp du major-général F.D.
Middleton, à Batoche, vers le 16 mai 1885

48

Surrender of Poundmaker, one of two Cree
chieftains who had joined Riel's rebellion, at
Battleford, Northwest Territories, 26 May
1885

Capitulation de Faiseur-d'Enclos, un des
deux chefs cris qui s'étaient ralliés à la rébellion de Riel, à Battleford (Territoires du
Nord-Ouest), le 26 mai 1885

Henry
Joseph
Woodside
1858-1929

Henry
Joseph
Woodside

Born and raised at Arkwright, Ontario, Harry Woodside moved as an adolescent to the Northwest in search of a career. Settling in Port Arthur, he joined the Canadian Pacific Railway as a telegraph operator. Later he moved on to Manitoba, where he opened a jewellery store at Portage la Prairie in 1880. Woodside's consuming interest in military affairs found outlet in the Northwest Rebellion of 1885. Joining the militia with the rank of sergeant, he raised a company which formed part of the Winnipeg Battalion of Infantry assigned to guard duty around Qu'Appelle.

Woodside resumed his business activities in Portage after the rebellion. He also began a second career as a journalist with the weekly *Manitoba Liberal*. He continued to be active in the militia, winning promotion to the rank of captain and taking command of the local infantry company in 1891. About this time he took up photography, probably to record his varied activities. His company became 'B' Squadron of the Manitoba Dragoons in 1893 and achieved regular distinction at annual militia camps.

Promoted to major in 1898, Woodside went on the unattached list in order to visit the Yukon. As a special correspondent for a number of Canadian and American newspapers, he accompanied the Yukon Field Force over the Teslin Trail to Dawson. He remained there until 1901, not only as editor and manager of the Yukon *Sun* but also as Census Commissioner of the Yukon.

In the Boer War he volunteered for service with the Canadian contingent, reverting to the rank of lieutenant with the 2nd Canadian Mounted Rifles. Unfortunately, he was in-jured in a fall from his horse in Halifax just before embarkation, and did not reach South Africa until after the end of hostilities in 1902.

Returned to Canada, Woodside married and eventually settled in Ottawa, where he became manager of an insurance company in 1909. He was president of the Ottawa branch of the South African Veterans' Association in 1912 and 1913. When war broke out in August 1914, Woodside once again volunteered for active service and raised a company which became part of the 14th Royal Montreal Regiment. After serving at depots in England, he was posted to France with the 5th Canadian Mounted Rifles. His tour was abruptly terminated by a shell which fell near Hooge in May 1915; Woodside was buried in a trench and suffered shellshock and ruptured eardrums. Partially deaf, he returned to Canada late in 1916 and retired in February 1917.

He continued to support the war effort, and served as both secretary and treasurer of the Ottawa branch of the Great War Veterans' Association. After the war he resumed his former job with the insurance company, and carried on until his death in November 1929. His obituary stated that 'love for and devotion to his King and country at all times were compelling forces in Colonel Woodside's life, which was ever filled with the spirit of unquenchable patriotism.' Woodside had written a briefer self-appraisal: 'Always a total abstainer. No vices except hard work and military study.'

Henry Joseph Woodside

Né et élevé à Arkwright (Ontario). Encore adolescent, il se rend dans l'Ouest de l'Ontario, à la recherche d'une carrière. Installé à Port Arthur, il entre au service du Canadien Pacifique comme télégraphiste. Plus tard, on le trouve au Manitoba où il ouvre une bijouterie à Portage-la-Prairie, en 1880. La Rébellion de 1885 lui offre l'occasion d'embrasser la carrière des armes qui exerce sur lui beaucoup d'attrait. Il s'enrôle dans la Milice avec le grade de sergent et forme une compagnie qui fait partie du bataillon d'infanterie de Winnipeg, chargé du service de garde autour de Qu'Appelle.

Après la Rébellion, Henry Woodside retourne à son commerce de Portage-la-Prairie et se lance aussi dans la carrière de journaliste, pour l'hebdomadaire *Manitoba Liberal*. Il continue de servir dans la Milice, est promu capitaine et prend le commandement de la compagnie locale d'infanterie, en 1891. À la même époque, il commence à s'adonner à la photographie. En 1893, sa compagnie devient l'escadron « B » des Manitoba Dragoons et remporte régulièrement les honneurs aux camps annuels de la Milice.

Promu au grade de major en 1898, il se fait mettre en disponibilité afin de visiter le Yukon. À titre de correspondant spécial d'un certain nombre de journaux canadiens et américains, il accompagne le corps expéditionnaire du Yukon sur la piste Teslin qui mène à Dawson. Il y demeure jusqu'en 1901, non seulement comme rédacteur en chef et directeur du *Yukon Sun*, mais aussi en tant que commissaire au recensement.

Pendant la guerre des Boers, il se porte volontaire comme membre du contingent canadien, et il est affecté, en qualité de lieu-tenant, au 2ᵉ Chasseurs à cheval du Canada. Une chute de cheval, à Halifax, retarde son départ et il n'arrive en Afrique du Sud qu'en 1902, après la fin des hostilités.

De retour au Canada, il se marie et finit par s'établir à Ottawa, où il devient directeur d'une compagnie d'assurance, en 1909. En 1912 et 1913, il est président du chapitre d'Ottawa de l'Association des anciens combattants de l'Afrique du Sud. Au début des hostilités, en août 1914, il s'engage de nouveau comme volontaire pour servir sur le front et réunit une compagnie qui fait partie du 14ᵉ régiment royal de Montréal. Après avoir servi dans divers dépôts en Angleterre, il est affecté, en France, au 5ᵉ Chasseurs à cheval du Canada. Un obus, tombé près de Hooge en mai 1915, met soudainement fin à sa carrière de combattant. Enfoui dans une tranchée, il est commotionné et a les tympans perforés. Atteint de surdité partielle, Henry Woodside rentre au Canada à la fin de 1916 et prend sa retraite en février 1917.

Il continue à participer à l'effort de guerre et devient secrétaire-trésorier du chapitre d'Ottawa de l'Association des anciens combattants de la Guerre mondiale. Après la guerre, il reprend son ancien poste auprès de la compagnie d'assurance, et l'occupe jusqu'à sa mort, en novembre 1929. Dans sa notice nécrologique, on lit ces mots : « Un ardent patriotisme, allié à un dévouement inlassable, a constamment inspiré la vie du colonel Woodside, toujours prêt à se consacrer au service de son pays. » Woodside s'était dépeint plus laconiquement : « Abstinent en tout temps. Aucun vice, si ce n'est le goût du travail acharné et des choses militaires. »

Court martial, Royal School of Mounted
Infantry, Winnipeg, 1891

Cour martiale, École royale d'infanterie à
cheval, à Winnipeg, en 1891

Class taking instruction in horsemanship,
Royal School of Mounted Infantry,
Winnipeg, 1893

Cours d'équitation, École royale d'infanterie
à cheval, à Winnipeg, en 1893

Militia unit disembarking from ss *Corona*,
Niagara-on-the-Lake, Ontario, 1896

Unité de milice débarquant du ss *Corona*, à
Niagara-sur-le-Lac (Ontario), en 1896

Troops of the Yukon Field Force embark for
the Klondike, Teslin Lake, British Columbia,
August 1898

Troupes du corps expéditionnaire du Yukon,
s'embarquant pour le Klondike, au lac
Teslin (Colombie britannique), en août 1898

Final mounting of guard by troops of the
Yukon Field Force, Dawson, Yukon Territory, 26 June 1900

Les troupes en campagne dans le Yukon
montent la garde pour la dernière fois à
Dawson (Territoire du Yukon), le 26 juin
1900

Troops of the 4th and 6th Canadian Mounted
Rifles depart for the South African War in ss
Winnifredian, Halifax, 17 May 1902

Troupes des 4ᵉ et 6ᵉ régiments de chasseurs à
cheval du Canada, partant pour la guerre des
Boers, à bord du ss *Winnifredian*, à Halifax,
le 17 mai 1902

Tents and horse lines of the 5th Canadian
Mounted Rifles after the end of the South
African War, Durban, Natal, June 1902

Tentes et chevaux au piquet, du 5ᵉ régiment
de chasseurs à cheval du Canada, après la fin
de la guerre des Boers, à Durban (Natal), en
juin 1902

Troops of the 44th Regiment guard the road
during manoeuvres at Queenston, Ontario,
21 June 1906

Troupes du 44ᵉ régiment gardant une route
pendant des manoeuvres à Queenston
(Ontario), le 21 juin 1906

Feu de joie fired by troops of Dawson Rifles
in honour of Victoria Day, Dawson, 24
May 1903

Salve d'honneur tirée par les troupes des
chasseurs de Dawson, à l'occasion de la Fête
de la reine Victoria, à Dawson, le 24 mai 1903

William
Rider-Rider
1889-

William Rider-Rider

Bill Rider-Rider, who was born and raised at Stamford Hill in London, England, remembers as a boy watching the return of troops from South Africa in 1902. He began recording history in a more permanent manner in 1910 when he became a photojournalist on the staff of the *Daily Mirror*.

Rider-Rider wore glasses, a fact which kept him out of the British Army until 1915 when he joined the Suffolk Regiment. He spent eighteen months with that unit – not as a photographer but as an instructor teaching physical drill and bayonet fighting. Then, seconded to the Canadian War Records Office at the request of Lord Beaverbrook, Lieutenant Rider-Rider went to France in June 1917 as Canadian Official Photographer. Thereafter he photographed all the operations of the Canadian Corps from the capture of Hill 70 in August 1917 to the crossing of the Rhine at Bonn in December 1918.

Rider-Rider's final military duty was to oversee the transfer from Britain to Canada of the entire collection of Canadian Official photographs. Crossing aboard SS *Mauretania*, he reached Ottawa in May 1919. On his return to London in June, he received for his services the MBE from King George V at Buckingham Palace. He resumed his career with the *Daily Mirror*, and was appointed its chief picture editor in 1920. Further promotions in subsequent years gave him increasingly greater supervisory and editorial responsibilities: managing art editor in 1926, chief assistant news editor in 1935, night news editor from 1938 to the time of his retirement in 1948.

Now a vigorous eighty-four, he enjoys an active retirement at his home in Barking, Essex. Fifty-two years after his first visit to Canada, Rider-Rider flew to Ottawa to visit the Public Archives and to be guest of honour at the Canadian Forces' 'Shutter-Click '71' reunion of military photographers.

William
Rider-Rider

Né et élevé à Stamford Hill, à Londres, Rider-Rider a l'occasion d'assister, à treize ans, au retour des troupes de l'Afrique du Sud. Commence à consigner les événements historiques de façon régulière en 1910, à titre de reporter-photographe du *Daily Mirror*.

Porteur de verres, il est exclu de l'Armée britannique jusqu'en 1915. Il s'enrôle alors dans le Suffolk Regiment et y passe dix-huit mois, non comme photographe, mais en qualité d'instructeur d'éducation physique et d'assaut à la baïonnette. Prêté au Bureau des archives de guerre du Canada, à la demande de lord Beaverbrook, il se rend en France en juin 1917, comme photographe officiel canadien. Il photographie toutes les opérations du corps canadien, à partir de la prise de la cote 70, en août 1917, jusqu'à la traversée du Rhin, à Bonn, en décembre 1918.

Sa dernière tâche est de surveiller le transfert, d'Angleterre au Canada, de l'entière collection des photographies officielles canadiennes. Il s'embarque sur le *Mauritania* et arrive à Ottawa en mai 1919. De retour à Londres en juin, il se rend au palais de Buckingham où le roi George V le fait membre de l'Empire britannique. Il reprend ses fonctions au *Daily Mirror* où, en 1920, il est nommé chef du service de la photographie. Des promotions subséquentes entraînent pour lui des responsabilités sans cesse croissantes en matière de surveillance et de rédaction : directeur artistique en 1926, chef adjoint du service des nouvelles en 1935, et chef de nuit de 1938 jusqu'à sa retraite en 1948.

Maintenant âgé de 84 ans et en excellente santé, il mène encore une vie active à sa résidence de Barking (Essex). Cinquante-deux ans après son premier voyage au Canada, il est venu à Ottawa pour visiter les Archives publiques et en même temps être l'invité d'honneur du « Shutter-Click 71 » des Forces canadiennes, à l'occasion d'une réunion des photographes militaires.

64

HM King George V touring the battlefield of Vimy Ridge, France, July 1917. To the right of the King are Lieutenant-General Sir Arthur Currie, Commander of the Canadian Corps, and General Sir Henry Horne, Commander, First British Army

Sa Majesté le roi George V visitant le champ de bataille de Vimy (France), en juillet 1917. À la droite du roi se trouvent le lieutenant-général sir Arthur Currie, commandant le corps canadien, et le général sir Henry Horne, commandant la 1er armée britannique

Corporal Reeves, assistant to Canadian
Official Photographer (Rider-Rider) in
Grange crater on Vimy Ridge, July 1917

Le caporal Reeves, adjoint du photographe
officiel canadien (Rider-Rider), au cratère de
Grange, sur la crête de Vimy, en juillet 1917

66

Pioneers carrying 'duck-board' trench mats
across the battlefield of Passchendaele,
Belgium, about 10 November 1917

Sapeurs transportant des caillebotis sur le
champ de bataille de Passchendaele
(Belgique), vers le 10 novembre 1917

Canadian soldiers burned during a German
attack with flamethrowers, France, July 1917

Soldats canadiens brûlés par des lance-flam-
mes allemands, en France, en juillet 1917

Troops of the 16th Canadian Machine Gun
Company holding the line in shellholes near
Passchendaele, November 1917

Troupes de la 16ᵉ compagnie canadienne de
mitrailleuses, en ligne dans des trous d'obus,
près de Passchendaele, en novembre 1917

Troops of the 9th Canadian Infantry Brigade and tanks of the 3rd Canadian Division passing Canadian casualties and German prisoners, Hourges, France, 8 August 1918

Troupes de la 9e brigade d'infanterie canadienne et chars de la 3e division canadienne, défilant devant des blessés canadiens et des prisonniers allemands, à Hourges (France), le 8 août 1918

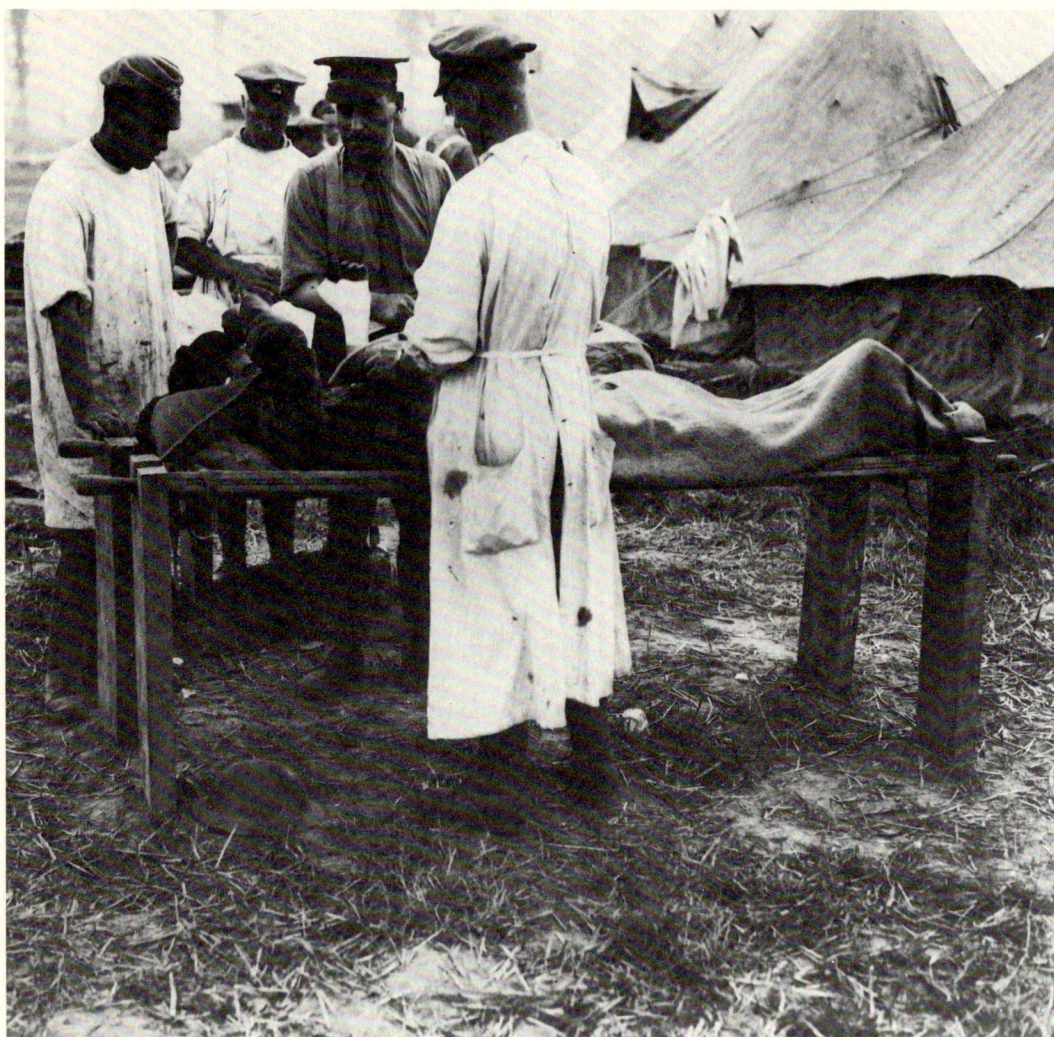

Wounded soldier undergoing treatment at Canadian field hospital during the battle of Amiens, France, August 1918

Soldat blessé en traitement dans une ambulance canadienne pendant la bataille d'Amiens (France), en août 1918

Troopers of Lord Strathcona's Horse with German prisoners captured during the advance near Mézières, France, 8 August 1918

Cavaliers du Lord Strathcona's Horse avec des prisonniers allemands capturés pendant l'avance près de Mézières (France), le 8 août 1918

72

Field-Marshal Sir Douglas Haig, the British
Commander-in-Chief, congratulating
Canadian troops after the battle of Amiens,
August 1918

Le maréchal sir Douglas Haig, commandant
en chef britannique, félicitant les troupes
canadiennes après la bataille d'Amiens, en
août 1918

Armoured car of the 3rd Battalion, Canadian Machine Gun Corps, supporting troops of the 43rd Battalion during an advance east of Amiens, France, 8 August 1918

Auto blindée du 3ᵉ bataillon du corps canadien des mitrailleuses, appuyant des troupes du 43ᵉ bataillon pendant une avance à l'est d'Amiens, le 8 août 1918

74

Wounded in an advance east of Arras, France,
a Canadian soldier, his arm in a splint
made of a bayonet scabbard receives help in
lighting his cigarette, September 1918

Un soldat canadien blessé, le bras dans une
éclisse faite avec un fourreau de baïonnette,
reçoit des soins pendant l'avance à l'est
d'Arras (France), en septembre 1918

Body of German machine gunner in the bed of the Canal du Nord near Bourlon, France, October 1918

Cadavre d'un mitrailleur allemand dans le canal du Nord, près de Bourlon (France), en octobre 1918

Canadian soldier taking cover from sniper
fire during advance near Cambrai, France,
8 October 1918

Soldat canadien se cachant d'un tireur isolé
pendant l'avance près de Cambrai (France),
le 8 octobre 1918

German soldier surrendering to Canadian
troops near Cambrai, 8 October 1918

Soldat allemand se rendant aux troupes canadiennes près de Cambrai, le 8 octobre 1918

78

Patrol from the 3rd Canadian Division
entering Cambrai, 8 October 1918

Patrouille de la 3ᵉ division canadienne entrant dans Cambrai, le 8 octobre 1918

Troops of the 3rd Canadian Division cross the
main square of Cambrai, 8 October 1918

Les troupes de la 3ᵉ division canadienne
traversent la grande place de Cambrai, le 8
octobre 1918

Troops of the 42nd Battalion resting in the
Grand Place, Mons, Belgium, 11
November 1918

Troupes du 42ᵉ bataillon au repos sur la
Grand'Place de Mons (Belgique), le 11
novembre 1918

Gunner of the Canadian Field Artillery com-
forts a child whose mother has just been
killed during a bombardment: Mons,
November 1918

Un canonnier de l'artillerie canadienne de
campagne réconforte un enfant dont la mère
vient d'être tuée pendant un bombardement
à Mons, en novembre 1918

German officers, carrying flag of truce, enter
Canadian lines to convey troops through
minefields near Mons on Armistice Day,
11 November 1918

Des officiers allemands, portant un drapeau
blanc, pénètrent dans les lignes canadiennes
afin de guider les troupes à travers les champs
de mines près de Mons, le jour de l'armistice,
le 11 novembre 1918

Burton
Glenwood
Johnson
1912-1965

Burton Glenwood Johnson

A native of Windsor, Ontario, Burt Johnson was before the Second World War a photographer with the Windsor *Star*, known particularly for his coverage of marine activity on the St Clair River. He joined the Royal Canadian Air Force in February 1940 as an AC2 and reported to the RCAF Photographic Establishment at Rockcliffe, Ontario. As one of the original members of the Press Liaison Section, he travelled extensively in eastern Canada to photograph the activities of the British Commonwealth Air Training Plan.

In April 1941 he was commissioned from the ranks and as a Flying Officer went to England to organize the photographic section of the Directorate of Public Relations at RCAF Overseas Headquarters in London. By the summer of 1942, the RCAF's newspaper *Wings Abroad* was able to report that 'from one end of the British Isles to the other ... Johnson has become a familiar figure to thousands of Canadians, both aircrew and groundcrew ... the output of photographs of Canadian personnel in the United Kingdom has in-increased enormously.' He also flew on temporary duty to Egypt, Palestine, Iraq, India, and Ceylon to photograph RCAF squadrons and the many Canadians serving with RAF units. Posted back to Canada in June 1944, S/L Johnson became Public Relations Officer of Western Air Command in Vancouver, British Columbia.

Following his retirement in July 1945, he resumed his job with the Windsor *Star*. Later, he settled in Amherstburg, Ontario, where he became a tugboat captain. He moved to St Petersburg, Florida, in 1960, and lived there until his death in 1965.

Burton Glenwood Johnson

Né à Windsor (Ontario), Burt Johnson fut photographe au *Windsor Star* avant la seconde guerre mondiale. Il est connu surtout pour ses comptes rendus de la navigation sur la rivière St. Clair. Il s'enrôle dans l'Aviation royale du Canada, en février 1940, comme aviateur de 2ᵉ classe et est affecté au Centre de photographie de l'ARC, à Rockcliffe (Ontario). L'un des premiers membres de la section de liaison avec la presse, il voyage partout dans l'Est du Canada d'où il rapporte un reportage photographique des activités découlant du Plan d'entraînement aérien du Commonwealth britannique.

Il obtient son brevet de sous-lieutenant d'aviation en avril 1941, et se rend en Angleterre pour organiser la section de photographie de la Direction des relations extérieures, à Londres, au quartier général de l'ARC outremer. Pendant l'été de 1942, le *Wings Abroad*, journal de l'ARC, pouvait écrire que « ... d'une extrémité à l'autre des Îles britanniques ... Johnson est bien connu de milliers de Canadiens, des membres du personnel sur mer et sur terre ... Le nombre de photos des militaires canadiens au Royaume-Uni s'est considérablement accru. » En service temporaire en Égypte, en Palestine, en Iran, en Inde et à Ceylan, il y photographie non seulement les escadrilles de l'ARC mais aussi les nombreux Canadiens qui servent dans les unités de la RAF. Muté au Canada en juin 1944, il devient officier des relations extérieures au commandement aérien de l'Ouest, à Vancouver (Colombie britannique).

Après sa retraite en juillet 1945, il reprend ses fonctions au *Windsor Star*. Plus tard, il s'installe à Amherstburg (Ontario), où il devient capitaine de remorqueur, et en 1960 à St. Petersburg (Floride), où il demeure jusqu'à sa mort en 1965.

Exhibition Squadron, No. 1 Manning Depot,
RCAF, Toronto, 26 July 1940

Escadrille de démonstration, 1ᵉʳ dépôt
d'effectifs de l'ARC, à Toronto, le 26 juillet
1940

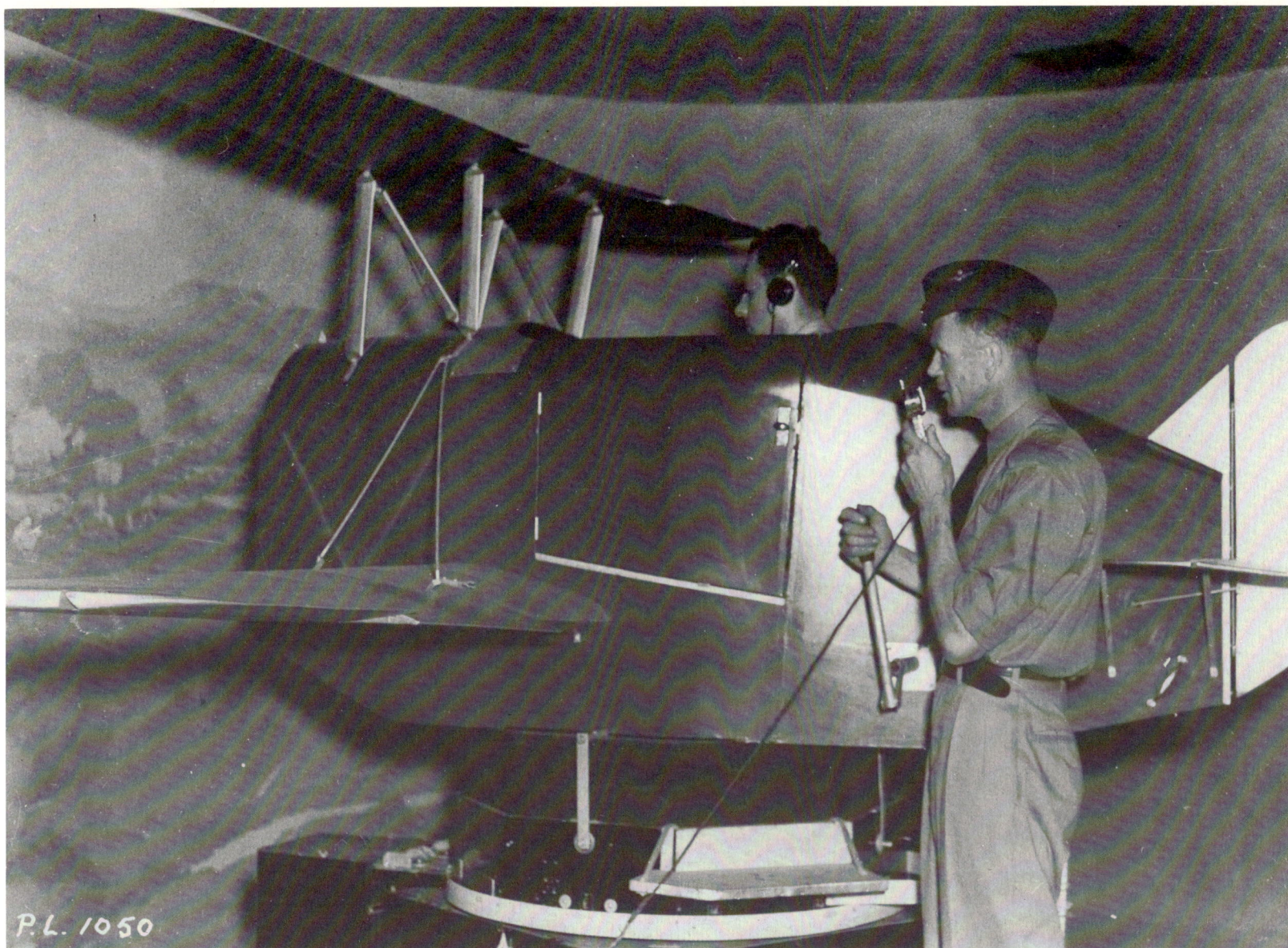

P.L. 1050

F/O A.E. Jarvis gives instruction to student
in a Link Trainer at No. 1 Training School,
RCAF, Toronto, 25 July 1940

Le sous-lieutenant d'aviation A.E. Jarvis
donne des instructions à un élève aviateur
dans un appareil d'entraînement Link, à la
1re École d'entraînement de l'ARC, à Toronto,
le 25 juillet 1940

88

Fairey Battle I aircraft of the RCAF, Trenton, Ontario, 16 September 1940

Un Fairey Battle I de l'ARC, à Trenton (Ontario), le 16 septembre 1940

Fleet Finch II aircraft of the RCAF, Malton,
Ontario, 29 July 1940

Appareils Fleet Finch II de l'ARC, à Malton
(Ontario), le 29 juillet 1940

CHANGE TO WOG OR
WEM 7
WOG 10
CHANGE TO WOG OR
NEXT PASSING OUT - WAG 3F 20
3J 26
3K 30
3M 24
100
NEXT ENTRY
WAG 8 108
WOGM4 72
180

91

P/O J. Small and Sergeant G.B. Whitney 'scramble' to Hawker Hurricane IIbs of No. 401 (Ram) Squadron, RCAF, Digby, England, 24 July 1941

L'officier-pilote J. Small et le sergent G.B. Whitney s'apprêtent à décoller à bord des Hawker Hurricane IIb de la 401ᵉ escadrille (Ram) de l'ARC, à Digby (Angleterre), le 24 juillet 1941

Major the Honourable C.G. Power, Minister of National Defence for Air, studying the establishment chart of No. 1 Wireless School, RCAF, Montreal, 21 November 1940

Le major et honorable C.G. Power, ministre de la Défense nationale (Air), étudiant l'organigramme de la 1ʳᵉ École de télégraphie sans fil de l'ARC, à Montréal, le 21 novembre 1940

92

Groundcrew service Consolidated Catalina I
flying boat of No. 413 (Tusker) Squadron,
RCAF, in Colombo, Ceylon, about April 1942

Un hydravion à coque Consolidated Catalina I
de la 413ᵉ escadrille (Tusker) de l'ARC, de
service au sol, à Colombo (Ceylan), vers
avril 1942

P/O A.L. Lumsden keeps watch in the gun
blister of a Consolidated Catalina I flying boat
of No. 413 (Tusker) Squadron, RCAF, en route
to Colombo, about March 1942

L'officier-pilote A.L. Lumsden fait le guet
dans la coupole de tir d'un hydravion à
coque Consolidated Catalina I de la 413ᵉ
escadrille (Tusker) de l'ARC, qui se rend à
Colombo, vers mars 1942

Group of labourers clear jungle growth for
an airstrip in Ceylon, about April 1942

Travailleurs nettoyant une jungle de sa végé-
tation afin d'aménager une piste d'envol à
Ceylan, vers avril 1942

George
Kenneth
Bell

1914-

George Kenneth Bell

As a high school student in Toronto, Ken Bell joined the Camera Club of Central Technical School. A youthful photograph of the British dirigible R-100 flying over Toronto in August 1930 supplied early proof of his ability to be in the right place at the right time with his camera in hand.

Bell was ready to enrol in the University of Toronto to study architecture when the Depression imposed a change of plan. Taking a job with Lane Studios, he earned five dollars per week while he learned to photograph furniture in manufacturing towns like Stratford and Hanover. Three and a half years later, he went to the Charles G. Milne Studio, beginning as a photographer and working his way up to the position of studio director. Later he transferred to the firm of Pringle and Booth as studio director and gained experience in all aspects of commercial photography.

During the war he enlisted in the Canadian Army and qualified as an infantry officer, but nevertheless found himself assigned in March 1943 to the Directorate of Public Relations as a photographer. While based in Ottawa, Lieutenant Bell photographed all the wartime activity in the national capital and also travelled extensively on assignments throughout Canada. Because he was one of the earliest competent practitioners of colour photography, his work reached a national audience on the covers of such publications as the Montreal *Standard* and the Toronto *Star Weekly*.

Bell was posted to Britain in May 1944, and assumed the additional duty of brigade liaison officer with the Highland Light Infantry of Canada; he landed with that unit on D-Day at Bernières-sur-Mer. Before long he resumed full-time photographic work as a member of No. 3 Public Relations Group. From the D-Day landings in Normandy in 1944 to the crossing of the Rhine and the occupation of Germany in 1945, he covered the entire campaign of First Canadian Army in Northwest Europe, winning promotion to the rank of captain. Bell then went on attachment to the United States Third Army in Bavaria to photograph German developments in radar, guided missiles, and atomic energy. As official photographer to General H.D.G. Crerar, Commander of the First Canadian Army, he sailed back to Canada aboard ss *Ile de France* in August 1945. However, he was soon back in Germany with the Canadian Army Occupation Force and as a major, commanded the film and photo unit of No. 4 Public Relations Group.

In the summer of 1946 he returned to Canada and resumed his career in commercial photography, entering into partnership with Gordon Rice under the name of Rice and Bell. During the next three and a half years, Bell successfully concentrated on fashion photography and photojournalism. One of his major employers, *Maclean's* magazine, sent him back to Europe in 1949 to re-photograph the same places he had covered during the war. What started as a simple photostory grew into *Curtain Call*, his first book. In the same year he established Ken Bell Photography Limited, and in 1950 became official photographer of the National Ballet of Canada.

Amid the responsibilities of business, he devoted much time to the improvement of the professional status of Canadian photographers; he was one of the founders and later president of the Commercial and Press Photographers' Association of Canada, the forerunner of the Professional Photographers of Canada. The latter organization has conferred a number of awards on him, notably one of the first four titles of Master of Photographic Arts to be granted to distinguished Canadian photographers.

Bell maintained an active interest in military affairs, serving from 1950 to 1965 with the Royal Regiment of Canada and attaining the rank of lieutenant-colonel as its Commanding Officer. In 1971, the Public Archives of Canada helped him celebrate an anniversary by staging the retrospective exhibition, 'Ken Bell: 40 Years of Photography 1931-1971.' His second book, *Not in Vain*, is a study in which his wartime photographs of Northwest Europe appear side by side with photographs taken in the same places after a lapse of twenty-five years. Other books are in preparation on the National Ballet of Canada, on Africa, and on world architecture.

George
Kenneth
Bell

Au cours de ses études secondaires à Toronto (Ontario), Ken Bell devient membre du club de photographie de la Central Technical School. Déjà en août 1930, il sait se trouver au bon endroit et au moment opportun pour photographier le *R-100* survolant Toronto.

Sur le point de s'inscrire à l'Université de Toronto pour y étudier l'architecture, la crise bouleverse ses projets. Il entre au service de Lane Studios où il touche $5 par semaine et apprend à photographier des meubles dans certaines villes industrielles telles que Stratford et Hanover. Trois ans et demi plus tard, il passe au Charles G. Milne Studio, en qualité de simple photographe; il accède par la suite au poste de directeur du studio. Il occupera encore le même poste pour la maison Pringle and Booth, où il acquiert une vaste expérience dans tous les domaines de la photographie commerciale.

Pendant la guerre, il s'enrôle dans l'Armée canadienne et devient officier d'infanterie, mais, en mars 1943, il est affecté à la Direction des relations extérieures, à Ottawa, en qualité de photographe. Il photographie alors toutes les activités de guerre dans la capitale nationale, et de nombreuses missions l'obligent aussi à parcourir tout le Canada. L'un des premiers à faire de la photographie en couleurs, il voit paraître ses oeuvres sur la couverture de publications comme le *Standard* de Montréal et le *Star Weekly* de Toronto, et se fait connaître à l'échelle nationale.

Affecté en Angleterre en mai 1944, il assume également les fonctions d'officier de liaison de sa brigade auprès du Highland Light Infantry of Canada et, le Jour J, débarque avec cette unité à Bernières-sur-Mer. Un peu plus tard, il est affecté au 3ᵉ groupe des Relations extérieures et reprend la photographie à plein temps. Il assure le reportage de toute la campagne de la 1ʳᵉ armée canadienne dans le Nord-Ouest de l'Europe, à partir du débarquement des Alliés en Normandie en 1944, jusqu'à la traversée du Rhin et l'occupation de l'Allemagne en 1945, époque à laquelle il est promu capitaine. Il est ensuite attaché à la 3ᵉ armée américaine, en Bavière, pour y photographier les progrès réalisés par les Allemands dans les domaines du radar, des missiles téléguidés et de l'énergie atomique. À titre de photographe officiel du général H.D.G. Crerar, commandant la 1ʳᵉ armée canadienne, il revient au Canada en août 1945, à bord de *l'Île-de-France*. Peu après, toutefois, il est de retour en Allemagne avec les troupes d'occupation de l'Armée canadienne. Promu major, il dirige la section de cinématographie et de photographie du 4ᵉ groupe des Relations extérieures, jusqu'à son retour au Canada, au cours de l'été de 1946.

Il retourne à la photographie commerciale et s'associe à Gordon Rice, sous la raison sociale Rice and Bell. Pendant trois ans et demi, il se consacre avec succès à la photographie pour journaux de mode et illustrés. Un de ses principaux employeurs, le magazine *Maclean's*, le renvoie en Europe en 1949, pour y photographier de nouveau les endroits qu'il avait visités pendant la guerre. Ce qui avait débuté comme un simple reportage photographique lui fournit la matière de son premier ouvrage, *Curtain Call*. La même année, il fonde la société Ken Bell Photography Limited et, en 1950, il est nommé photographe officiel du Ballet national du Canada.

En marge de ses occupations commerciales, il consacre une bonne partie de son temps à l'amélioration du statut professionnel des photographes canadiens; il est l'un des fondateurs et premier président de l'Association des photographes commerciaux et photographes de presse du Canada, devenue l'Association des photographes professionnels du Canada. Celle-ci lui décerne diverses récompenses, dont l'une des quatre premières maîtrises ès arts photographiques attribuées à d'éminents photographes canadiens.

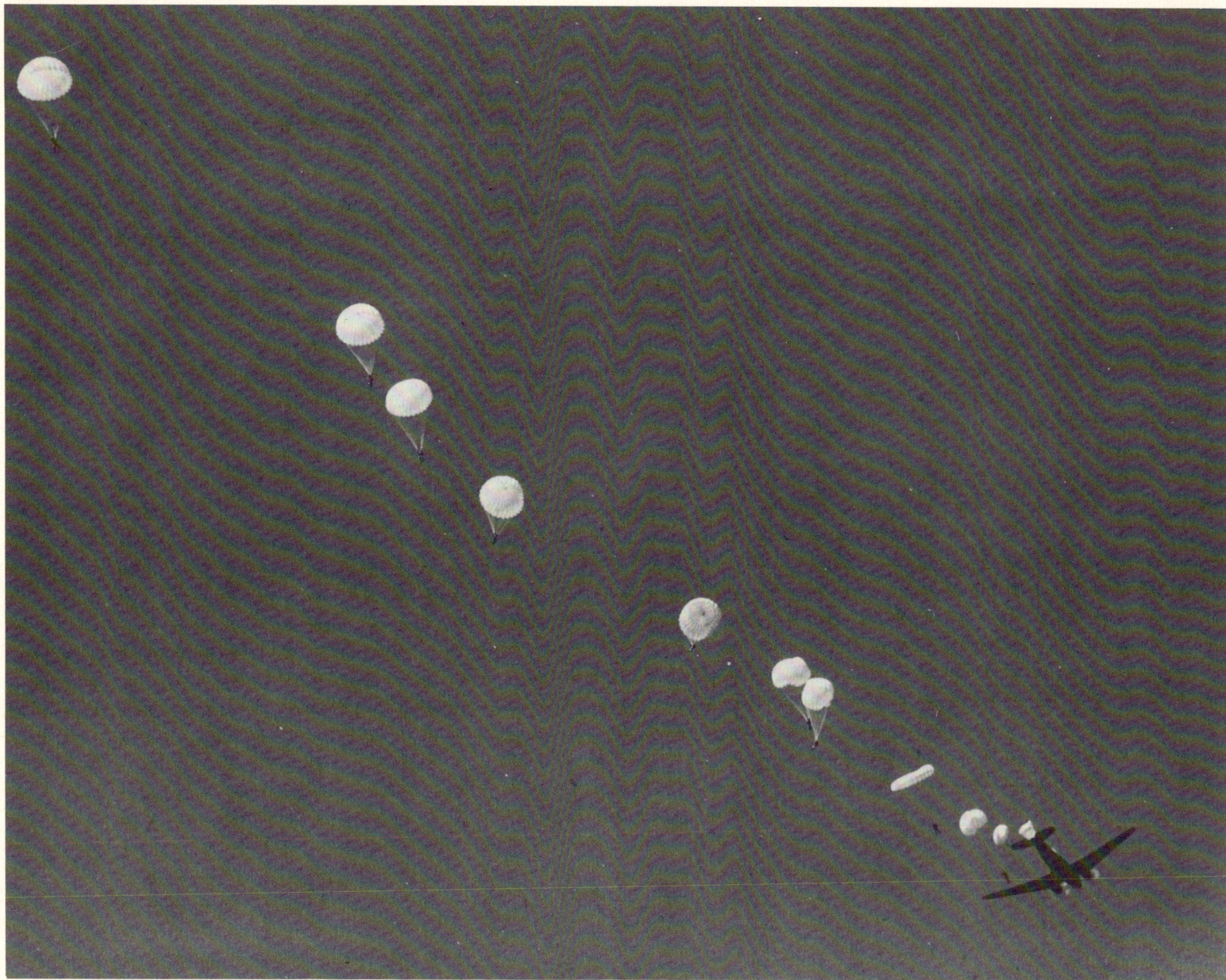

Troopers of the 1st Canadian Parachute
Battalion jumping from a Douglas Dakota at
Shilo, Manitoba, 11 August 1943

Soldats du 1er bataillon de parachutistes, sau-
tant d'un Douglas Dakota à Shilo (Manitoba), le 11 août 1943

Canadian troops on an alpine training course
cross a glacier at Yoho Valley, British
Columbia, August 1943

Troupes canadiennes traversant un glacier
dans la vallée Yoho (Colombie britannique),
en août 1943, pour s'entraîner aux manoeuvres
en haute montagne

President Franklin D. Roosevelt of the United
States speaks from the steps of the Centre
Block on Parliament Hill, Ottawa,
25 August 1943

Franklin D. Roosevelt, président des États-
Unis, s'adressant à la foule du perron du
Parlement canadien, à Ottawa, le 25 août 1943

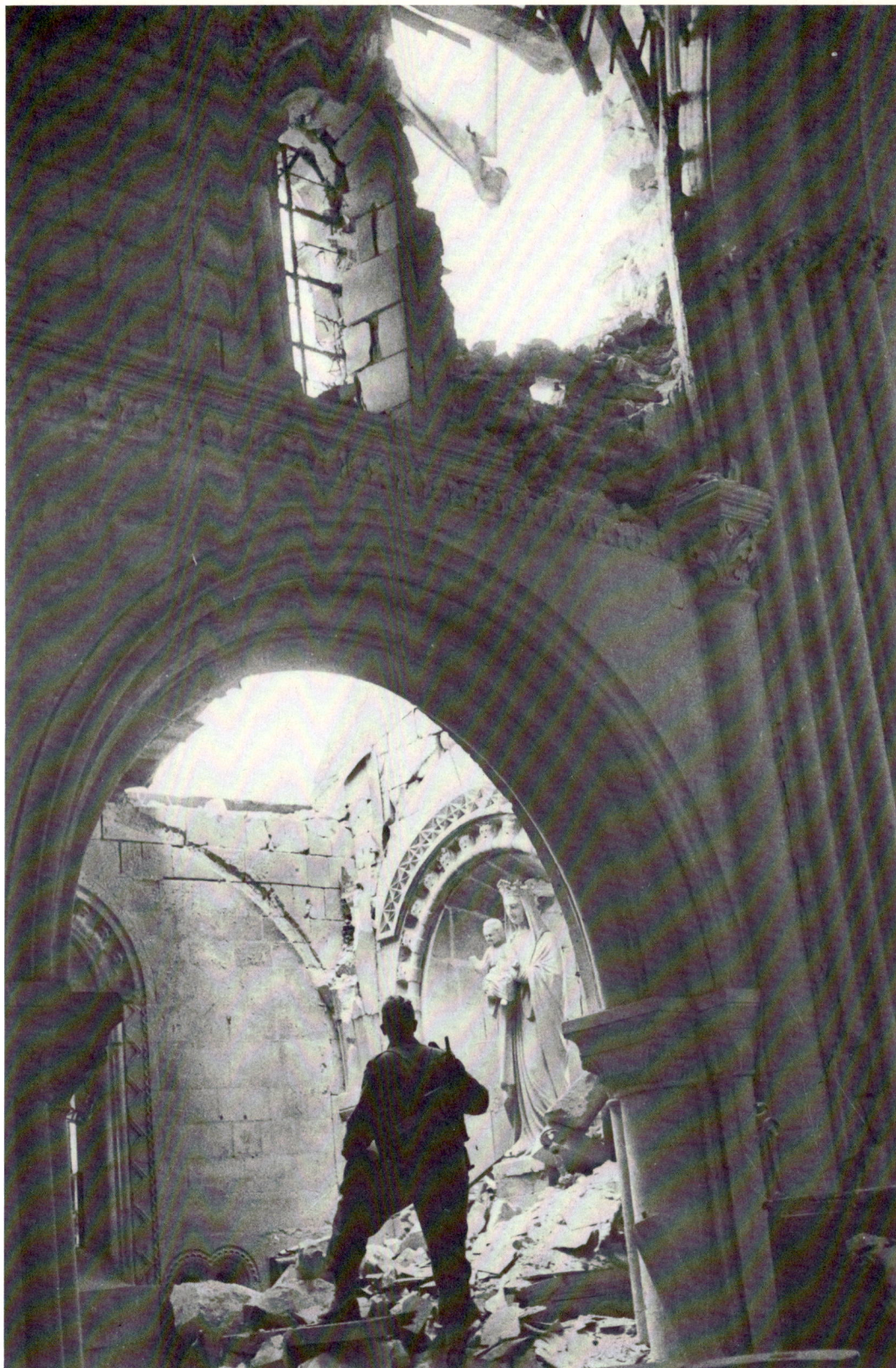

Canadian soldier examines a shrine in the
ruins of a church: Carpiquet, France,
12 July 1944

Un soldat canadien examine une chapelle
dans les ruines d'une église, à Carpiquet
(France), le 12 juillet 1944

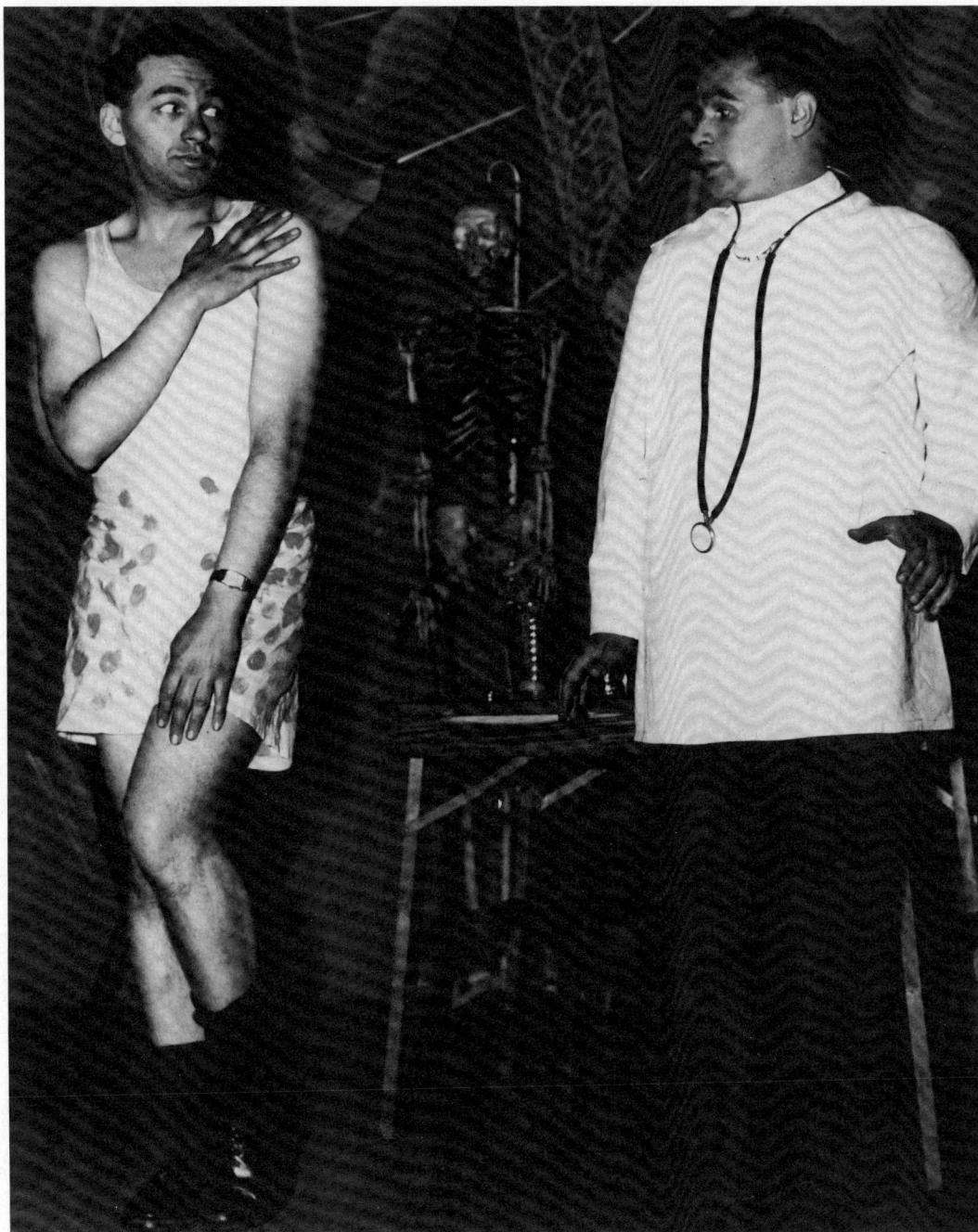

102

Sergeants Johnny Wayne and Frank Shuster
of the Canadian Army Show: Ottawa,
12 May 1943

Les sergents Johnny Wayne et Frank Shuster
du Canadian Army Show, à Ottawa, le 12
mai 1943

Captured German officer under guard on
platform of railway station: Vaucelles, France,
18 July 1944

Un officier allemand gardé prisonnier sur le
quai d'une gare de chemin de fer, à Vaucelles
(France), le 18 juillet 1944

Private G.O. Parenteau of the South Saskatchewan Regiment stands guard in a stable:
Rocquancourt, France, 11 August 1944

Le soldat G.-O. Parenteau, du South
Saskatchewan Regiment, monte la garde
dans une étable, près de Rocquancourt
(France), le 11 août 1944

German troops taken captive by soldiers of
the 9th Canadian Infantry Brigade: Buron,
France, 12 July 1944

Soldats allemands capturés par la 9e brigade
d'infanterie canadienne, à Buron (France), le
12 juillet 1944

German 88 mm. anti-aircraft gun lies abandoned near a Bailey bridge built by advancing units of the Royal Canadian Engineers: Rouen, France, 8 December 1944

Un canon anti-aérien allemand de 88 mm, abandonné près d'un pont Bailey construit par le Génie royal canadien, à Rouen (France), le 8 décembre 1944

Gunners of the 2nd Heavy Anti-Aircraft
Regiment, RCA, wrestle 3.7-inch gun into
position near Dunkerque, France,
1 February 1945

Canonniers du 2ᵉ régiment canadien d'artillerie lourde anti-aérienne, mettant en batterie
un canon de 3,7 pouces, près de Dunkerque
(France), le 1ᵉʳ février 1945

The Right Honourable Winston Churchill opens the first postwar session of the Parliament of The Netherlands: The Hague, 9 May 1946

Le très honorable Winston Churchill ouvre la première session d'après-guerre du Parlement des Pays-Bas, à La Haye, le 9 mai 1946

Field-Marshal Sir Bernard Montgomery, Commander of the 21st Army Group, meets with General H.D.G. Crerar, Commander of the 1st Canadian Army, at Crerar's headquarters near Uden, The Netherlands, 9 February 1945. The commanders were discussing the forthcoming Canadian offensive

Le maréchal sir Bernard Montgomery, commandant le 21e groupe d'armées, rencontre le général H.D.G. Crerar, commandant la 1re armée canadienne, au QG de Crerar, près d'Uden (Pays-Bas), le 9 février 1945. Les deux commandants s'entretenaient alors de l'offensive canadienne imminente

110

French civilians lay flowers on the grave of
Sergeant James Campbell, Canadian Army
Film and Photo Unit: Fleury-sur-Orne,
France, 22 July 1944

Des civils français déposent des fleurs sur la
tombe du sergent James Campbell, de la
section cinématographique et photographique de l'Armée canadienne, à Fleury-sur-
Orne (France), le 22 juillet 1944

German prisoner works at sorting out helmets
at an arms concentration depot: Hilversum,
The Netherlands, 18 May 1945

Prisonnier allemand occupé au triage de
casques dans un dépôt d'armes, à Hilversum
(Pays-Bas), le 18 mai 1945

German soldier's grave in the Hochwald,
Germany, 9 March 1945

Tombe d'un soldat allemand dans la Hochwald (Allemagne), le 9 mars 1945

112

Gilbert
Alexander
Milne
1914-

Gilbert Alexander Milne

Born in Medicine Hat, Alberta, Gib Milne has lived in Toronto since 1919. Beginning in 1930, he received a thorough training as an apprentice photographer in the studio of his father, Charles G. Milne, and before the Second World War he worked regularly as a freelance photographer for the Toronto *Star*.

Milne's first taste of military life came when he joined the Toronto Scottish Regiment and became a member of that regiment's precision drill squad. But early in 1943 a former *Star* colleague, Gerry Richardson, telephoned to offer him a commission as a photographer in the Royal Canadian Navy. Joining up at HMCS *York* in Toronto, Sub-Lieutenant Milne picked up his equipment in Ottawa and reported for duty at Halifax.

As an information photographer, Milne travelled extensively on land and sea to cover such stories as 'new entry' training at HMCS *Cornwallis*, the work of the Women's Royal Canadian Naval Service, the launching of HMCS *Micmac* and the sea trials of frigates like HMCS *Swansea*. Posted overseas in January 1944, he crossed to Britain in SS *Pasteur* and reached London in the midst of the 'Little Blitz.' Working out of the darkrooms at 35 Haymarket, Lieutenant Milne photographed the pre-invasion operations of the destroyers, minesweepers, and motor torpedo boats of the RCN.

The morning of D-Day he embarked in a landing craft of the RCN's 262nd Flotilla at Bernières-sur-Mer, and shot ninety-two classic photographs of the activity on the beach; as the first pictures of the invasion to be released, his photographs received worldwide exposure. His next assignment put him aboard HMCS *Prince Henry* en route to the Mediterranean,

where he photographed the invasion of Southern France in August 1944 and the liberation of Greece in October 1944. (He was, in fact, the first liberator of Athens, arriving there three days before the main invasion force.)

Milne returned to Canada in December 1944 and took command of the RCN darkrooms in Ottawa. Early in 1946, he established his own studio on Lombard Street in Toronto with an initial capital of $300. Over the years he has built up one of the foremost commercial photographic businesses in Canada. He was the founder of the national photo service of Canadian Press, and has specialized in news, commercial, and industrial photography, covering subjects such as Operation 'Muskox' in 1946 and the Royal Tours of 1951 and 1959. Like his old friend Ken Bell, Milne has been one of the leaders of photography in Canada. He was one of the founders of the Commercial and Press Photographers' Association of Canada, and later served two terms as president of that organization's successor, the Professional Photographers of Canada. In 1966, he joined Bell as one of the first four recipients of the PPOC's Master of Photographic Arts degree. Former wartime colleagues Scott Young, Max Newton, Joseph Schull, and Frank Lowe collaborated with him to produce *HMCS*, a book of his RCN photographs which commemorated the fiftieth anniversary of the Navy.

Gilbert Alexander Milne

Né à Medicine Hat (Alberta), il vit à Toronto (Ontario) depuis 1919. À partir de 1930, il reçoit une solide formation d'apprenti photographe dans le studio de son père, Charles G. Milne. Avant la seconde guerre mondiale, il travaille régulièrement pour le *Toronto Star* comme photographe pigiste. Il connaît sa première expérience de la vie militaire quand il s'enrôle dans le Toronto Scottish Regiment, où il fait partie de l'équipe des exercices de précision. Au début de 1943, il reçoit un appel de Gerry Richardson, ancien confrère du *Star*, qui lui offre un brevet d'officier à titre de photographe dans la Marine royale du Canada. Il s'engage au HMCS *York*, à Toronto, passe prendre son équipement à Ottawa et rejoint son poste à Halifax.

En qualité de photographe, il voyage sur terre et sur mer pour faire des reportages sur divers sujets : l'entraînement des nouvelles recrues au HMCS *Cornwallis*, le travail du Service féminin de la MRC, le lancement du HMCS *Micmac* et les essais en mer de frégates telles que le HMCS *Swansea*. Affecté outre-mer en janvier 1944, il se rend en Grande-Bretagne à bord du *Pasteur* et arrive à Londres au milieu du « Petit Blitz ». Il travaille dans les chambres noires du 35, rue Haymarket, et photographie, avant l'invasion, les opérations des destroyers, dragueurs de mines et vedettes-torpilleurs de la MRC.

Le matin du Jour J, il installe son appareil sur une péniche de débarquement de la 262ᵉ flottille de la MRC, à Bernières-sur-Mer, et prend quatre-vingt-douze photographies classiques de ce qui se passe sur la plage. Ses photos de l'invasion, les premières à être mises en circulation, sont publiées dans le monde entier.

Sa mission suivante l'emmène, à bord du HMCS *Prince Henry*, vers la Méditerranée où il photographie l'invasion du Midi de la France, en août 1944, et la libération de la Grèce, en octobre 1944. De fait, il est le premier libérateur à entrer dans Athènes, précédant de trois jours l'armée d'invasion.

Il rentre au Canada en décembre 1944 et assume la direction des chambres noires de la MRC à Ottawa. Au début de 1946, il installe son propre studio rue Lombard, à Toronto, avec un capital initial de $300. Au cours des années, il édifie l'une des entreprises de photographie commerciale les plus prospères du Canada. Il est le fondateur du service national de photographie de la Presse canadienne. Il se spécialise dans les nouvelles, ainsi que dans la photographie commerciale et industrielle, et fait le reportage de diverses actualités telles que l'opération « Muskox », en 1946, et les visites royales de 1951 et 1959. Tout comme son ami de longue date, Ken Bell, Milne est un des pionniers de la photographie au Canada. L'un des fondateurs de l'Association des photographes commerciaux et des photographes de presse du Canada, devenue par la suite l'Association des photographes professionnels du Canada, il est élu président à deux reprises. Cette dernière lui décerne, en 1966, tout comme à Bell, l'une des quatre premières maîtrises ès arts photographiques. Ses anciens collègues des années de guerre, Scott Young, Max Newton, Joseph Schull et Frank Lowe, collaborent avec lui à la rédaction de *HMCS*, recueil de ses photographies de la MRC, dont la publication marque le cinquantième anniversaire de la Marine royale du Canada.

Recruits with fixed bayonets, HMCS *Corn-wallis*, Deep Brook, Nova Scotia, June 1943

Des recrues, baïonnette au canon, au HMCS *Cornwallis*, à Deep Brook (Nouvelle-Écosse), en juin 1943

Members of the Womens' Royal Canadian
Naval Service aboard HMCS *Sudbury* at
Halifax, August 1943

Membres du Service féminin de la Marine
royale du Canada, à bord du HMCS *Sudbury*,
à Halifax, en août 1943

HMCS *Swansea* in rough seas off Bermuda,
January 1944

Le HMCS *Swansea* sur une mer houleuse au
large des Bermudes, en janvier 1944

Motor torpedo boats of the 29th MTB
Flotilla of the RCN, cruising in the English
Channel, 22 May 1944

Vedettes lance-torpilles de la 29ᵉ flottille de
la MRC, croisant dans la Manche, le 22 mai
1944

Minesweepers of the Royal Canadian Navy
at work off Halifax, June 1943

Dragueurs de mines de la MRC opérant au
large de Halifax, en juin 1943

Troops of the Highland Light Infantry of
Canada board landing craft of the 262nd
Flotilla, RCN, at Portsmouth, England,
5 June 1944

Troupes du Highland Light Infantry of
Canada, montant à bord d'embarcations de
la 262ᵉ flottille de la MRC, à Portsmouth
(Angleterre), le 5 juin 1944

Landing craft of Force 'J' cross the English
Channel to Normandy on D-Day minus one,
5 June 1944

Péniches de débarquement de la Force « J »
traversant la Manche pour se rendre en
Normandie, la veille du Jour J, le 5 juin 1944

LCI (L) 306 of the 262nd Flotilla, RCN on the
beach at Bernières-sur-Mer, 6 June 1944

LCI (L) 306 de la 262ᵉ flottille de la MRC, sur la
plage à Bernières-sur-Mer, le 6 juin 1944

Assault landing craft come alongside HMCS
Prince Henry during preparations for Operation
'Dragoon': Bay of Naples, Italy, August 1944

Péniches d'assaut s'approchant du HMCS
Prince Henry pendant les préparatifs de l'opé-
ration « Dragoon », dans la baie de Naples
(Italie), en août 1944

German prisoners unload supplies from landing craft of HMCS *Prince Henry* during Operation 'Dragoon': Ile du Levant, France, about
15 August 1944

Des prisonniers allemands débarquent des
approvisionnements d'une péniche du HMCS
Prince Henry, pendant l'opération « Dragoon »,
Île-du-Levant (France), vers le 15 août 1944

Crewmen of HMCS *Prince Henry* on leave in Rome, October 1944. From the left: AB Ernie Law, LS Sam Ingram, AB D.H. Williams, LS Jean Thibodeau, AB W. Olding, AB C.J. McDonald, Stoker V. McIntyre, AB Terry Melanson

Membres de l'équipage du HMCS *Prince Henry* en permission à Rome en octobre 1944. De g. à d. : matelot de 2ᵉ classe Ernie Law, matelot de 1ʳᵉ classe Sam Ingram, matelot de 2ᵉ classe D.H.Williams, matelot de 1ʳᵉ classe Jean Thibodeau, matelot de 2ᵉ classe W. Olding, matelot de 2ᵉ classe C.J. McDonald, chauffeur V. McIntyre, matelot de 2ᵉ classe Terry Melanson

Landing craft 1375 from HMCS *Prince David* enters Piraeus, the harbour of Athens, 14 October 1944

Péniche de débarquement 1375 du HMCS *Prince David* entrant au Pirée, port d'Athènes, le 14 octobre 1944

128

The Parthenon illuminated at night to signal
the end of four years of German occupation of
Greece: Athens, October 1944

Le Parthénon illuminé la nuit pour marquer
la fin de quatre ans d'occupation allemande
en Grèce, à Athènes, en octobre 1944

Henry
Edward
Price

1918-

Henry Edward Price

Harry Price was born and grew up in York Township outside Toronto. He owned a box camera during his youth, and developed his films in the kitchen sink. During high school years in the Depression, Price was a summertime caddy at a local golf course. One of his clients was a senior executive of Canadian Kodak Limited who helped the youth get a job with the firm in March 1934. After working for a year on the production of photochemicals, Price moved to the company's testing department where he spent four years. He brought his prints to work for criticism by his colleagues, and the promise of his work no doubt impelled the company to select him in 1940 as one of twelve persons to take an intensive photographic course offered by the parent firm of Eastman Kodak Limited. There Price studied basic photochemistry, moved on to more advanced subjects like sensitometry and quality control and became proficient in the use of all types of cameras.

Price joined the Royal Canadian Air Force in March 1942 and completed his basic training at the Manning Depot at the Canadian National Exhibition grounds in Toronto. His first posting was to the photographic section of No. 8 Air Observer School at Ancienne Lorette, Quebec, where he spent two months loading film into aerial cameras and processing the trainees' films. In June 1942 he reported to the RCAF Photographic Establishment at Rockcliffe, Ontario, for further training. Upon graduation, he worked first washing prints in the general darkroom and then switched to the darkroom of the Press Liaison Section. Posted overseas in September 1943, he joined the photographic section of the Directorate of Public Relations at RCAF Overseas Headquarters in London.

Price's first assignment was to accompany burial parties, photographing military funerals. It was not long, however, before he went on detachment to the headquarters of No. 6 (RCAF) Bomber Group at Allerton Park Hall in Yorkshire. Promoted to corporal, he became the Group's senior public relations photographer, travelling regularly to various stations to record all aspects of the Canadian bombing offensive. He returned to London in the summer of 1944 to work out of Overseas Headquarters on assignments such as photographing Canadian aircrew with the RAF's famous 617 (Dam Busters) Squadron.

At the end of the war in 1945 Price was serving with No. 126 Wing of the 2nd Tactical Air Force at Utersen in Germany, where his final assignment was to photograph the large air show staged by 2nd TAF at Copenhagen, Denmark. Returning to Canada, he was demobilized at Toronto in October 1945. He resumed his prewar job, and is now in his twenty-sixth year with Kodak Canada Limited, at present as foreman of the paper finishing department.

Henry Edward Price

Né et élevé dans le canton de York, dans la banlieue de Toronto (Ontario). Dans sa jeunesse, il prend des photos avec un appareil rectangulaire et les développe dans l'évier de la cuisine. Pendant ses études secondaires, au cours de la crise, il obtient un emploi d'été comme caddie, au terrain de golf de la localité. Un de ses clients, cadre supérieur de la Canadian Kodak Limited, l'aide à y obtenir un emploi, en mars 1934. Il travaille un an au service de la photochimie, puis il est muté au laboratoire d'essai de la compagnie, où il passe quatre ans. Il apporte ses photographies au laboratoire pour obtenir l'avis critique de ses collègues. C'est sans doute la qualité de son travail qui incita la compagnie à l'envoyer, en 1940, avec onze autres employés, suivre un cours accéléré de photographie offert par la société mère Eastman Kodak Limited. Il étudie la photochimie élémentaire, et se consacre ensuite à l'étude de matières plus avancées telles que la sensitométrie et le contrôle de la qualité. Il arrive ainsi à connaître à fond le fonctionnement de tous les genres d'appareils photo.

Il s'enrôle dans l'Aviation royale du Canada en mars 1942, et termine son instruction élémentaire au dépôt d'effectifs situé sur les terrains de l'Exposition nationale du Canada, à Toronto. Il est d'abord affecté à la section de photographie de la 8e École d'observateurs aériens, à l'Ancienne-Lorette (Québec), où il passe deux mois à charger des appareils de prises de vues aériennes, et à développer les films des aviateurs à l'instruction. En juin 1942, il se rend au Centre de photographie de l'ARC, à Rockcliffe (Ontario), pour y poursuivre sa formation. À la fin du stage, il travaille d'abord au lavage d'épreuves, dans la chambre noire générale, puis passe à la chambre noire de la section de liaison avec la presse. Muté outre-mer en septembre 1943, il est affecté à la section de photographie de la Direction des relations extérieures, au quartier général outre-mer de l'ARC, à Londres.

Sa première mission consiste à accompagner des détachements d'inhumation, et à photographier des enterrements militaires. Peu de temps après, il est détaché au quartier général du 6e groupe de bombardement de l'ARC, à Allerton Park Hall (Yorkshire). Promu caporal, il accède au poste de photographe en chef aux relations extérieures du groupe et, à ce titre, se rend régulièrement aux diverses stations pour y photographier tous les aspects de l'offensive des bombardiers canadiens. Pendant l'été de 1944, il retourne à Londres, au quartier général outre-mer, où il remplit diverses missions, comme celle de photographier le personnel canadien de la célèbre 617e escadrille (Dam Busters) de la RAF.

À la fin de la guerre, en 1945, il sert dans la 126e escadrille de la 2e force aérienne tactique, à Utersen (Allemagne), où sa dernière mission est de photographier l'imposante démonstration aérienne organisée à Copenhague. De retour au Canada, il est démobilisé à Toronto en octobre 1945 et reprend ses occupations d'avant-guerre. Il compte maintenant vingt-six ans de service à la Kodak Canada Limited et occupe le poste de contremaître du service d'apprêtage du papier.

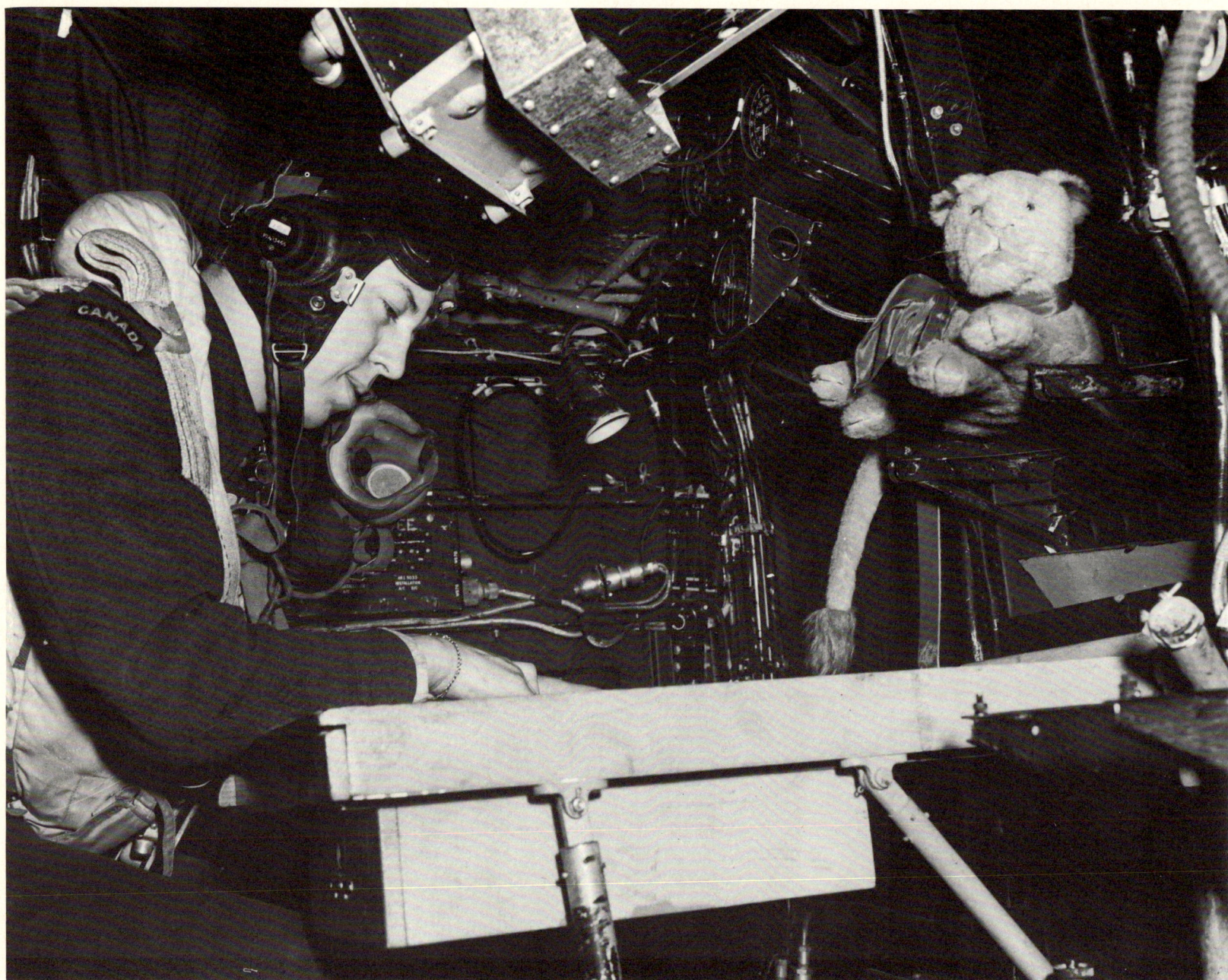

132

Navigator F/O Gus Utas and mascot
'Ruthless Robert' in Handley Page Halifax
BIII of No. 427 (Lion) Squadron, RCAF:
Leeming, England, 30 March 1944

Le navigateur sous-lieutenant Gus Utas et la
mascotte « Ruthless Robert » à bord d'un
Handley Page Halifax BIII de la 427ᵉ escadrille
(Lion) de l'ARC, à Leeming (Angleterre), le
30 mars 1944

133

Avro Lancaster BX of No. 419 (Moose)
Squadron, RCAF, at Middleton St George,
England, 19 April 1944

Un Avro Lancaster BX de la 419ᵉ escadrille
(Moose) de l'ARC, à Middleton St George
(Angleterre), le 19 avril 1944

134

Aircrew and groundcrew of Avro Lancaster BX aircraft 'D-Dog' of No. 419 (Moose) Squadron, RCAF, at the Middleton St George dispersal hut, 9 May 1944. From the left: F/O R.V. Daly, LAC Jerry Greves, AC Frank Beaves, LAC Vic Hewitt, Sergeant N.C. Fraser, Corporal Don Mersereau, Sergeant Don Logan, F/L A.J. Byford, AC Ken Barter

Personnel navigant et non navigant du Avro Lancaster BX « D-Dog » de la 419ᵉ escadrille (Moose) de l'ARC, à la hutte de dispersion de Middleton St George, le 9 mai 1944. De g.

à d. : sous-lieutenant d'aviation R.V. Daly, aviateur-chef Jerry Greves, aviateur Frank Beaves, aviateur-chef Vic Hewitt, sergent N.C. Fraser, caporal Don Mersereau, sergent Don Logan, lieutenant de section A.J. Byford, aviateur Ken Barter

Aircrew of No. 408 (Goose) Squadron, RCAF, on return from a raid on German coastal defences in Normandy: Linton-on-Ouse, England, 6 June 1944. From the left: Sergeants Jim Harris, Doug Skingle, Joe Holland

Équipage navigant de la 408ᵉ escadrille (Goose) de l'ARC, à Linton-on-Ouse (Angleterre), le 6 juin 1944, au retour d'un raid sur les défenses côtières allemandes en Normandie. De g. à d. : les sergents Jim Harris, Doug Skingle et Joe Holland

The Right Honourable W.L. Mackenzie King talking with aircrew of No. 425 (Alouette) Squadron, RCAF: Tholthorpe, England, 17 May 1944. From the left: W/O Jim Fleming, Sergeants Bill Shepherdson, George Thetford, Harold Ashcroft, Harry Moore

Le très honorable W.L. Mackenzie King s'entretient avec le personnel navigant de la 425e escadrille (Alouette) de l'ARC, à Tholthorpe (Angleterre), le 17 mai 1944. De g. à d. : adjudant Jim Fleming, sergents Bill Shepherdson, George Thetford, Harold Ashcroft, Harry Moore

Personnel of No. 432 (Leaside) Squadron, RCAF: East Moor, England, 26 May 1944

Le personnel de la 432e escadrille (Leaside) de l'ARC, à East Moor (Angleterre), le 26 mai 1944

F/L D.P. Thompson undergoes interrogation after a raid on Hamburg by No. 415 (Swordfish) Squadron, RCAF: East Moor, 28 July 1944

Le lieutenant de section D.P. Thompson est interrogé à la suite d'un raid sur Hambourg par la 415ᵉ escadrille (Swordfish) de l'ARC, à East Moor, le 28 juillet 1944

Aircrew of No. 431 (Iroquois) Squadron, RCAF, during post-raid interrogation: Croft, England, 6 June 1944. At left: Sergeant Art Carlisle

Équipage de la 431e escadrille (Iroquois) de l'ARC, pendant un interrogatoire à la suite d'un raid, à Croft (Angleterre), le 6 juin 1944. À g. : sergent Art Carlisle

Armourers load bombs into one of the
Lancasters of No. 428 (Ghost) Squadron,
RCAF: Middleton St George, 10 July 1944.
From the left: LAC Gordon Robertson, LAC
Albert Peckham, LAC George Roach

Des armuriers embarquent des bombes à
bord d'un Lancaster de la 428ᵉ escadrille
(Ghost) de l'ARC, à Middleton St George,
le 10 juillet 1944. De g. à d. : aviateurs-chefs
Gordon Robertson, Albert Peckham et
George Roach

Aircrew examine the record of service of the 'Simcoe Warrior', a Halifax BIII of No. 431 (Iroquois) Squadron, RCAF: Croft, August 1944

L'équipage examine les états de service du « Simcoe Warrior », un Halifax BIII de la 431ᵉ escadrille (Iroquois) de l'ARC, à Croft, en août 1944

S/L W.A. Bentley briefs aircrews of Nos. 431
(Iroquois) and 434 (Bluenose) Squadrons,
RCAF, before they take off for a bombing raid
on Essen: Croft, 27 October 1944

Le chef d'escadrille fait un exposé de mission
aux équipages navigants des 431ᵉ (Iroquois)
et 434ᵉ (Bluenose) escadrilles de l'ARC, à
Croft, avant leur décollage pour aller bom-
barder Essen, le 27 octobre 1944

Airmen in their billet at No. 6 (RCAF)
Bomber Group Headquarters at Allerton
Park near Knaresborough, England,
8 December 1944. From the left: LAC
G.M. Donaldson, LAC P.J. Roberts, LAC
L.J. Macdonald

Aviateurs dans leur cantonnement au QG du
6e groupe de bombardement de l'ARC, à
Allerton Park, près de Knaresborough
(Angleterre), le 8 décembre 1944. De g. à
d. : aviateurs-chefs G.M. Donaldson, P.J.
Roberts et L.J. Macdonald

144

G/C Joseph Lecomte discusses a forthcoming flight with F/L Gordon Franks' crew and groundcrew beside their Handley Page Halifax BIII: No. 425 (Alouette) Squadron, RCAF, Tholthorpe, 11 December 1944

Le capitaine de groupe Joseph Lecomte discute d'un vol prochain avec les équipages navigant et non navigant du lieutenant de section Gordon Franks, près de leur Handley Page Halifax BIII : la 425ᵉ escadrille (Alouette) de l'ARC, à Tholthorpe, le 11 décembre 1944

Handley Page Halifax BIII of No. 420 (Snowy
Owl) Squadron, RCAF, starts takeoff at
Tholthorpe, 6 January 1945

Un Handley Page Halifax BIII de la 420ᵉ
escadrille (Snowy Owl) de l'ARC, décollant
de Tholthorpe, le 6 janvier 1945

146

Airmen parade out of York Minster after a service marking the second anniversary of No. 6 (RCAF) Bomber Group: York, England, 31 December 1944

Des aviateurs défilent à la sortie de la cathédrale de York, après un service religieux marquant le deuxième anniversaire du 6e groupe de bombardement de l'ARC, à York (Angleterre), le 31 décembre 1944

Alexander
Mackenzie
Stirton
1915-

Alexander Mackenzie Stirton

Born and educated in Calgary, Alberta, Alex Stirton worked for the Calgary *Herald* and later for the Hudson's Bay Company during the 1930s. He joined the militia – the Calgary Highlanders – in 1931. Commissioned into the Calgary Regiment in 1939, he underwent training at Currie Barracks, was posted to Britain in the spring of 1941 as a reinforcement officer, and joined No. 3 Infantry Holding Unit at Witley in Surrey.

In June 1942 Stirton reported to Major Bill Abel at Canadian Military Headquarters in London for what turned out to be assessment as a potential public relations photographer. The young lieutenant was advised by Abel's deputy, Captain Eric Gibbs, to gloss over the fact that he really knew practically nothing about film and cameras, and emerged from the interview as a fully-fledged photographer. It was a forced-draught learning situation and Stirton soon achieved proficiency. As an accomplished photographer he travelled throughout Britain, visiting every type of unit in the Canadian Corps to photograph such varied subjects as sports meets, dignitaries' visits, and all sorts of training exercises. All the while he polished his craft.

This preparatory period ended when Stirton sailed to the Mediterranean theatre in June 1943. Disembarking in North Africa, he eventually flew to Sicily just as the brief campaign for that island ended. He photographed the entire Italian campaign from the landings at Reggio in September 1943 to the clearing of the Senio River line in January 1945. Captain Stirton won the MBE, not only for his services in photographing such operations as the breaching of the Gustav,

Hitler, and Gothic Lines, but also in recognition of his courage in braving intense shelling to save the life of a wounded colleague at Mombaroccio in August 1944. Moving with the 1st Canadian Corps from Italy to Northwest Europe in February 1945, he recorded the final Canadian advance into Germany. Fittingly, his last assignment was to photograph the surrender of the Twenty-Fifth German Army to First Canadian Corps at Wageningen in The Netherlands on 5 May 1945.

Immediately after the war, Major Stirton was stationed in Western Canada once again, assigned successively to the headquarters of Nos. 12 and 13 Military Districts and of Western Command. He returned to Germany in 1952 with No. 27 Public Relations Unit for a short tour of duty before joining the Directorate of Public Relations in Ottawa the following year. Stirton's second postwar tour in Germany lasted from 1957 to 1961. Posted back to the headquarters of Central Command, he served at Oakville, Ontario, until 1963. He then returned to Army Headquarters in Ottawa, where he was seconded to the Privy Council Office to plan civil defence measures. He retired with the rank of lieutenant-colonel in April 1967, and now is a senior official of the Emergency Measures Organization.

Alexander Mackenzie Stirton

Né à Calgary (Alberta), où il fit ses études. Il travaille au *Calgary Herald*, puis entre au service de la Compagnie de la baie d'Hudson dans les années 30. En 1931, il s'engage dans le Calgary Highlanders, régiment de la Milice. Il y obtient son brevet d'officier en 1939, et fait son entraînement à la caserne Currie, après quoi il est muté en Angleterre au printemps de 1941, en qualité d'officier de renfort, et affecté au 3e dépôt central d'infanterie, à Witley (Surrey).

En juin 1942, il se présente au major Bill Abel, au quartier général militaire canadien à Londres, comme candidat au poste de photographe aux Relations extérieures. Le capitaine Eric Gibbs, adjoint du major Abel, conseille au jeune lieutenant de passer sous silence ses maigres connaissances en photographie. Stirton sort de l'entrevue photographe attitré. Il lui faut apprendre vite et dans des conditions difficiles, mais bientôt il s'en tire à merveille. Photographe accompli, il voyage partout en Angleterre et rend visite aux diverses unités du corps canadien, pour photographier toutes sortes d'événements tels que les rencontres sportives, la visite de personnages importants, les exercices d'entraînement. Pendant tout ce temps, il ne cesse de se perfectionner.

Cette période d'apprentissage prend fin en juin 1943, quand il se rend par bateau sur le théâtre des opérations de la Méditerranée. Il débarque en Afrique du Nord, puis s'envole pour la Sicile, juste à la fin de la brève offensive lancée contre l'île. Il photographie toute la campagne d'Italie, depuis le débarquement de Reggio, en septembre 1943, jusqu'à l'enlèvement de la ligne de la rivière Senio, en janvier 1945. Il obtient la décoration MBE (Membre de l'Empire britannique), non seulement pour avoir photographié des opérations telles que l'ouverture de brèches sur les lignes Gustav, Hitler et Gothique, mais aussi pour avoir bravé le bombardement intense de l'artillerie, à Mombaroccio, en août 1944, et sauvé la vie d'un collègue blessé. Il accompagne le 1er corps canadien dans le Nord-Ouest de l'Europe, en février 1945, et photographie l'avance décisive des Canadiens en Allemagne. À l'occasion de sa dernière mission, il photographie la reddition de la XXVe armée allemande au 1er corps canadien, à Wageningen (Pays-Bas), le 5 mai 1945.

Immédiatement après la guerre, il est affecté de nouveau dans l'Ouest du Canada, tour à tour aux quartiers généraux des 12e et 13e districts militaires et de la région militaire de l'Ouest. Il accompagne la 27e unité des Relations extérieures en Allemagne en 1952, et n'y reste que quelque temps, avant d'entrer à la Direction des relations extérieures, à Ottawa, l'année suivante. Il séjourne de nouveau en Allemagne, de 1957 à 1961. Rappelé au quartier général de la région militaire du Centre, il est détaché à Oakville (Ontario) jusqu'en 1963. Il retourne alors au quartier général de l'Armée, à Ottawa, qui le prête au Conseil privé, afin d'y planifier les mesures de protection civile. Il prend sa retraite en avril 1967, avec le grade de lieutenant-colonel, et occupe un poste supérieur au sein de l'Organisation des mesures d'urgence.

Churchill tanks of the 1st Canadian Tank
Brigade ready for inspection by HM King
George VI on the South Downs of England,
11 February 1943

Chars Churchill de la 1re brigade canadienne
de chars, prêts à être inspectés par SM le roi
George VI, dans les South Downs (Angleterre), le 11 février 1943

Battle drill at No. 1 Canadian Infantry Reinforcement Unit near Guildford, England,
24 August 1942

Exercice de combat à la 1re unité de renfort de
l'infanterie canadienne près de Guildford
(Angleterre), le 24 août 1942

153

Troops of the Carleton and York Regiment
search for snipers in Campochiaro, Italy,
23 October 1943

Troupes du Carleton and York Regiment à
la recherche de tireurs ennemis isolés, à
Campochiaro (Italie), le 23 octobre 1943

Soldiers of the 1st Canadian Corps attend
church service at the Teatro Graeco, Taormina, Italy, 29 November 1943

Soldats du 1er corps canadien assistant à un
service religieux au Teatro Graeco de Taormina (Italie), le 29 novembre 1943

154

During a blackout, troops of the Canadian
Provost Corps patrol Taormina,
7 December 1943

Pendant un « black-out », des gendarmes du
corps canadien de la prévôté patrouillent
Taormina, le 7 décembre 1943

Troops of the Royal 22nd Regiment make a
night advance to Mount Gildone south of
Campobasso, Italy, 11 October 1943

Troupes du Royal 22ᵉ Régiment progressant
de nuit vers le mont Gildone, au sud de
Campobasso (Italie), le 11 octobre 1943

A Sherman tank of the Calgary Regiment
enters San Pancrazio, Italy, 16 July 1944

Un char Sherman du Calgary Regiment péné-
trant dans San Pancrazio (Italie), le 16
juillet 1944

Lambs examine a disabled German PzKfW IV
tank outside the headquarters of the 3rd
Canadian Infantry Brigade near Ortona,
Italy, 2 April 1944

De petits agneaux près des débris d'un char
PzKfW IV, devant le QG de la 3ᵉ brigade
d'infanterie canadienne, à Ortona (Italie), le
2 avril 1944

158

Children surrender to troops of the 4th Canadian Armoured Division: Sogel, Germany, 10 April 1945

Des enfants se rendent aux troupes de la 4ᵉ division blindée canadienne, à Sogel (Allemagne), le 10 avril 1945

Soldier taken prisoner during a German counterattack on Canadian troops: Sogel, 10 April 1945

Soldat capturé pendant une contre-attaque allemande dirigée sur les troupes canadiennes, à Sogel, le 10 avril 1945

Sergeant D.M. Clarke, RCHA, surrounded by
the Second World War's most ubiquitous
folk art, writes home from Ortona,
1 April 1944

Le sergent D.M. Clarke, de la RCHA, à
Ortona (Italie), le 1ᵉʳ avril 1944, en train
d'écrire une lettre dans la salle du rapport
tapissée de portraits de jolies filles

Russian prisoners weigh their daily bread
ration at a camp near Meppen, Germany,
12 April 1945

Des prisonniers russes pèsent leur ration
quotidienne de pain, dans un camp près de
Meppen (Allemagne), le 12 avril 1945

162

HM King George VI inspecting the 2nd
Medium Regiment, RCA: Italy, July 1944

SM le roi George VI inspectant le 2ᵉ régiment
d'artillerie mi-lourde, de l'Artillerie royale
canadienne, en Italie, en juillet 1944

Lieutenant-General Charles Foulkes, GOC
1st Canadian Corps, accepts the surrender of
the German forces in The Netherlands from
General Johannes Blaskowitz: Wageningen,
The Netherlands, 5 May 1945

Le lieutenant-général Charles Foulkes, commandant le 1er corps canadien, accepte la
capitulation des forces allemandes aux Pays-
Bas, des mains du général Johannes Blaskowitz, à Wageningen (Pays-Bas), le 5 mai 1945

Coastal defences near Seaford, England,
2 September 1942

Défenses côtières, près de Seaford (Angleterre), le 2 septembre 1942

Gerald
Milne
Moses
1913-

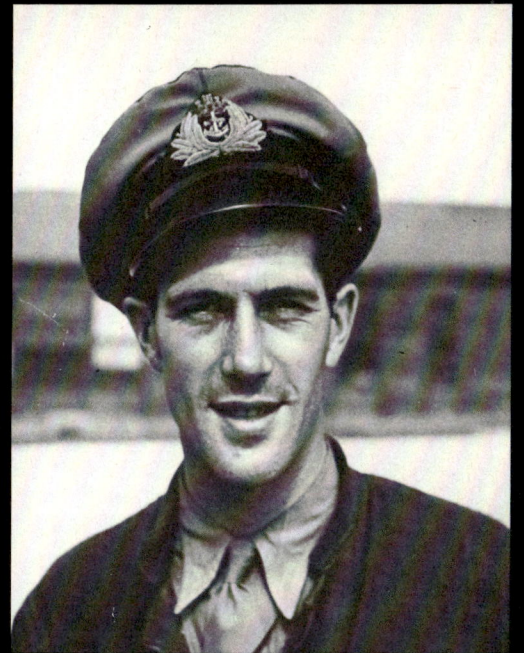

Gerald Milne Moses

Gerry Moses has been a lifelong resident of Toronto. During the Depression, he worked during the day for an advertising agency as an apprentice layout man and took night courses at the Ontario College of Art. After suffering two serious accidents while riding his motorcycle, Moses was advised to sell the bike. With the proceeds he bought a camera. His artistic talent, coupled with the advice of a skilled amateur photographer, enabled him to explore the possibilities of the medium. For a brief and unremunerative spell he tried freelancing, specializing in portraiture.

In July 1942, Moses joined the Royal Canadian Navy as a photographer, with the rank of sub-lieutenant at HMCS *York*. After training he reported to HMCS *Avalon* in St John's, Newfoundland. He concentrated on technical photography at first, covering such subjects as expropriated property, medical specimens, and damaged ships. Later he shifted into information photography, a duty which enabled him to study the involvement of people in their work. He covered the land-based aspects of the Battle of the Atlantic – including its survivors – and also went to sea with convoys in HMC Ships *Kitchener* and *St Francis*.

Early in 1944, he returned to Ottawa to operate the darkrooms and to photograph such subjects as the activities of the Women's Royal Canadian Naval Service – with the assurance that he would be posted to the first ship bound for the Pacific theatre. The route there was by ship and by plane to Egypt where he joined HMCS *Uganda* at Alexandria. He then served as *Uganda's* photographer throughout her entire tour of duty with the British Pacific Fleet, taking both stills and movies of such operations as the bombardment of the

island of Truk in June 1945.

Moses was demobilized in October 1945 and immediately joined Imperial Oil Limited as a photographer. His first civilian assignment took him back to sea, this time to Venezuela and Colombia in one of Imperial's tankers. He later photographed the rapid postwar growth of the oil industry touched off by the discovery of oil at Leduc, Alberta, in 1947. Eventually he moved back into the field of graphic arts. Moses' work with *Imperial Oil Review* put him in contact not only with artists but also with film directors like the young Christopher Chapman. In his rise to the post of Imperial's Graphics Director, Moses has played a key role in such activities as the sponsorship of the film, 'The Loon's Necklace' and the purchase and dissemination of the C.W. Jefferys Collection of drawings. He has been engaged recently in building Imperial's art collection.

Gerald
Milne
Moses

Habite Toronto depuis sa naissance. Pendant
la crise, il travaille le jour comme apprenti
pour une agence de publicité et suit des cours
du soir à l'Ontario College of Art. Victime de
deux graves accidents de motocyclette, on lui
conseille de vendre sa moto, qu'il remplace
par un appareil photo. Son talent et les conseils d'un photographe amateur expérimenté
lui permettent vite de se familiariser avec cet
art. Un moment, il exerce les fonctions peu
lucratives de photographe pigiste et se spé-
cialise dans le portrait.

En juillet 1942, il s'engage dans la Marine
royale du Canada, au HMCS *York*, à Toronto,
à titre de photographe avec le grade de sous-
lieutenant. Après son entraînement, il est
affecté au HMCS *Avalon*, à Saint-Jean (Terre-
Neuve). Au début, il s'adonne surtout à la
photographie technique et s'intéresse à des
sujets du genre immeubles expropriés, échan-
tillons médicaux et navires avariés. Puis, il
se tourne vers la photographie d'information,
ce qui lui permet d'étudier les gens au travail.
Il fait des reportages sur les aspects terrestres
de la bataille de l'Atlantique, tels que le sort
des rescapés, et il accompagne aussi des con-
vois à bord des HMCS *Kitchener* et *St. Francis*.

Au début de 1944, il retourne à Ottawa pour
s'occuper des chambres noires et photographier divers événements, dont les activités du
Service féminin de la MRC, avec l'assurance de
partir sur le premier navire à destination du
théâtre des opérations dans le Pacifique. Pour
s'y rendre, il lui faut voyager par bateau jusqu'en Angleterre, puis prendre l'avion pour
l'Égypte, où il rejoint le HMCS *Uganda* à
Alexandrie. Il est photographe de l'*Uganda*
pendant toute la période de service de ce navire dans l'escadre britannique du Pacifique.

Il photographie et filme diverses opérations,
notamment le bombardement de l'île de Truk,
en juin 1945.

Démobilisé en octobre 1945, il entre immédiatement au service de l'Imperial Oil
Limited, en qualité de photographe. Son
premier reportage civil l'oblige à reprendre
la mer, et le mène cette fois au Venezuela et
en Colombie, à bord d'un pétrolier de la
compagnie. Il photographie l'expansion
rapide de l'industrie du pétrole après la guerre,
expansion déclenchée par la découverte de
gisements pétroliers à Leduc (Alberta), en
1947. Par la suite, il retourne aux arts graphiques. Non seulement son association avec
l'*Imperial Oil Review* le met en rapport avec
des artistes, mais elle lui vaut également de
rencontrer le jeune cinéaste Christopher
Chapman. Lorsqu'il devient directeur des arts
graphiques pour le compte de l'Imperial, il
joue un rôle clé dans des activités artistiques
comme le parrainage du film *The Loon's
Necklace*, ainsi que l'achat et la diffusion de la
collection de dessins de C.W. Jefferys. Depuis
quelque temps, il s'occupe d'enrichir la
collection de peintures et d'objets d'art de la
société Imperial Oil.

Survivors of a torpedoed merchant vessel,
St John's, Newfoundland, 15 September 1942

Survivants d'un navire marchand torpillé, à
Saint-Jean (Terre-Neuve), le 15 septembre
1942

HMCS *St Francis*, escorting a convoy,
prepares to take on fuel from a tanker:
November 1942

Le HMCS *St Francis*, escortant un convoi,
s'apprête à être ravitaillé en carburant par un
navire-citerne, en novembre 1942

170

LS Eric Kirtland displays his tattoos:
St John's, 10 January 1943

Le matelot de 1re classe Eric Kirtland montre
ses tatouages, à Saint-Jean, le 10 janvier 1943

Weather damage to bridge of HMS *Roxburgh*:
St John's, 18 January 1943

Dégâts causés par les intempéries au pont
du HMS *Roxburgh*, à Saint-Jean, le 18
janvier 1943

172

Chief Shipwright W. Harding at St John's
fashions pine crosses for naval burials,
28 October 1943

Le charpentier en chef W. Harding, à Saint-
Jean, prépare des croix de bois blanc pour les
sépultures de marins, le 28 octobre 1943

German sailors from a sunken submarine
come ashore in St John's under guard:
30 April 1943

Marins allemands, ayant survécu au torpillage
de leur submersible et débarquant à Saint-
Jean, sous escorte, le 30 avril 1943

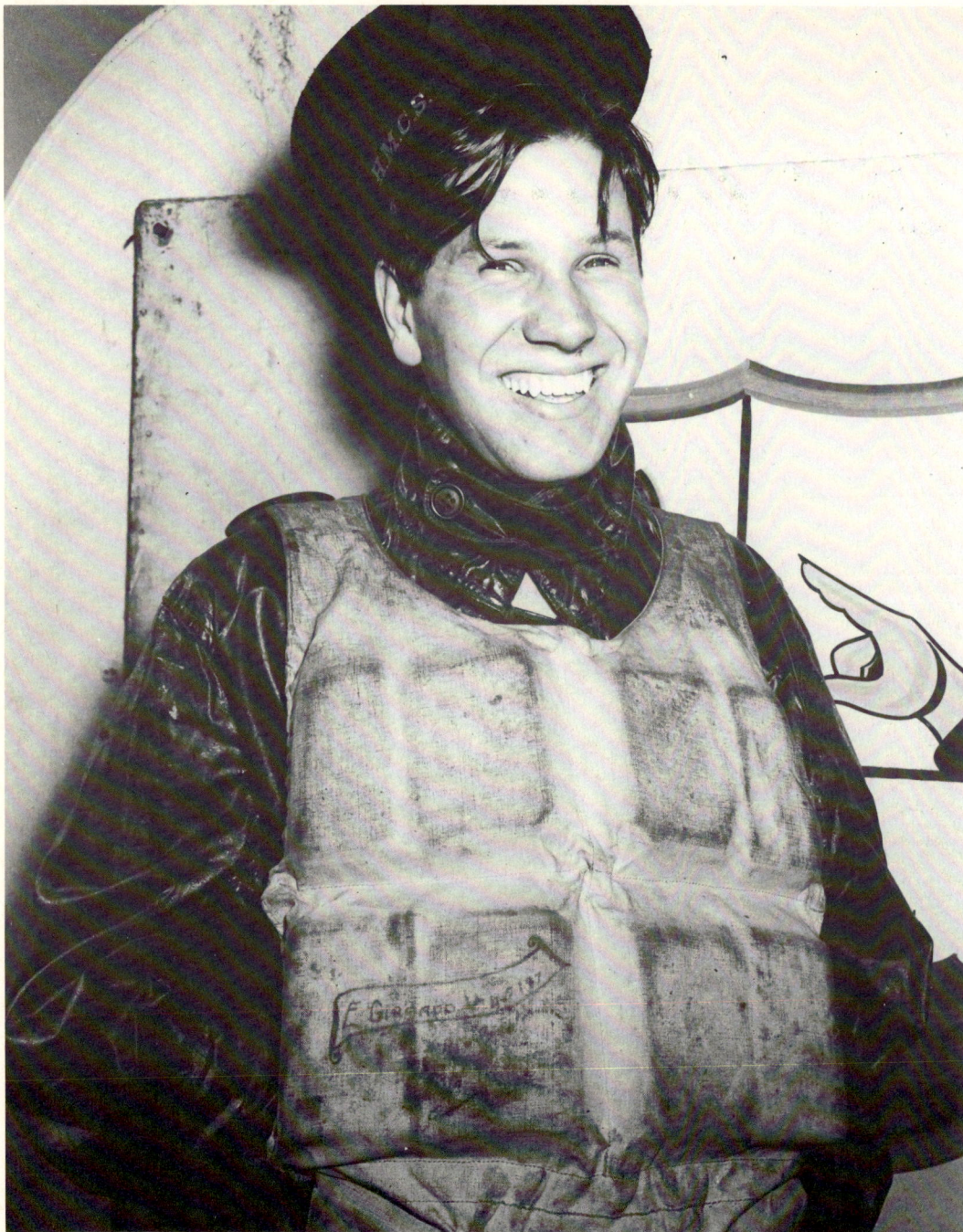

174

AB Enio Girardo, alive and well after being washed overboard from HMCS *Edmunston*: St John's, 13 October 1943

Le matelot Enio Girardo, repêché sain et sauf après avoir été enlevé par une vague du pont du HMCS *Edmunston*. Photographie prise à Saint-Jean, le 13 octobre 1943

175

Drummers Joan McMaster and
Lorraine McAuley lead a WRCNS parade at
HMCS *Conestoga*, Galt, Ontario, June 1944

Les tambours Joan McMaster et Lorraine
McAuley, à la tête d'un défilé au HMCS
Conestoga, à Galt (Ontario), en juin 1944

Preparing for convoy duty, RCN corvettes line up in St John's, November 1943. From the left: HMC Ships *Orillia*, *Trillium*, and *Calgary*

S'apprêtant à escorter un convoi, des corvettes de la MRC prennent position à Saint-Jean, en novembre 1943. De g. à d. : le HMCS *Orillia*, le HMCS *Trillium* et le HMCS *Calgary*

A Japanese kamikaze plane strikes the deck of HMS *Formidable* off the Sakishima Islands, 18 May 1945

Un avion japonais kamikaze se laisse tomber sur le pont du HMS *Formidable*, au large des îles Sakishima, le 18 mai 1945

177

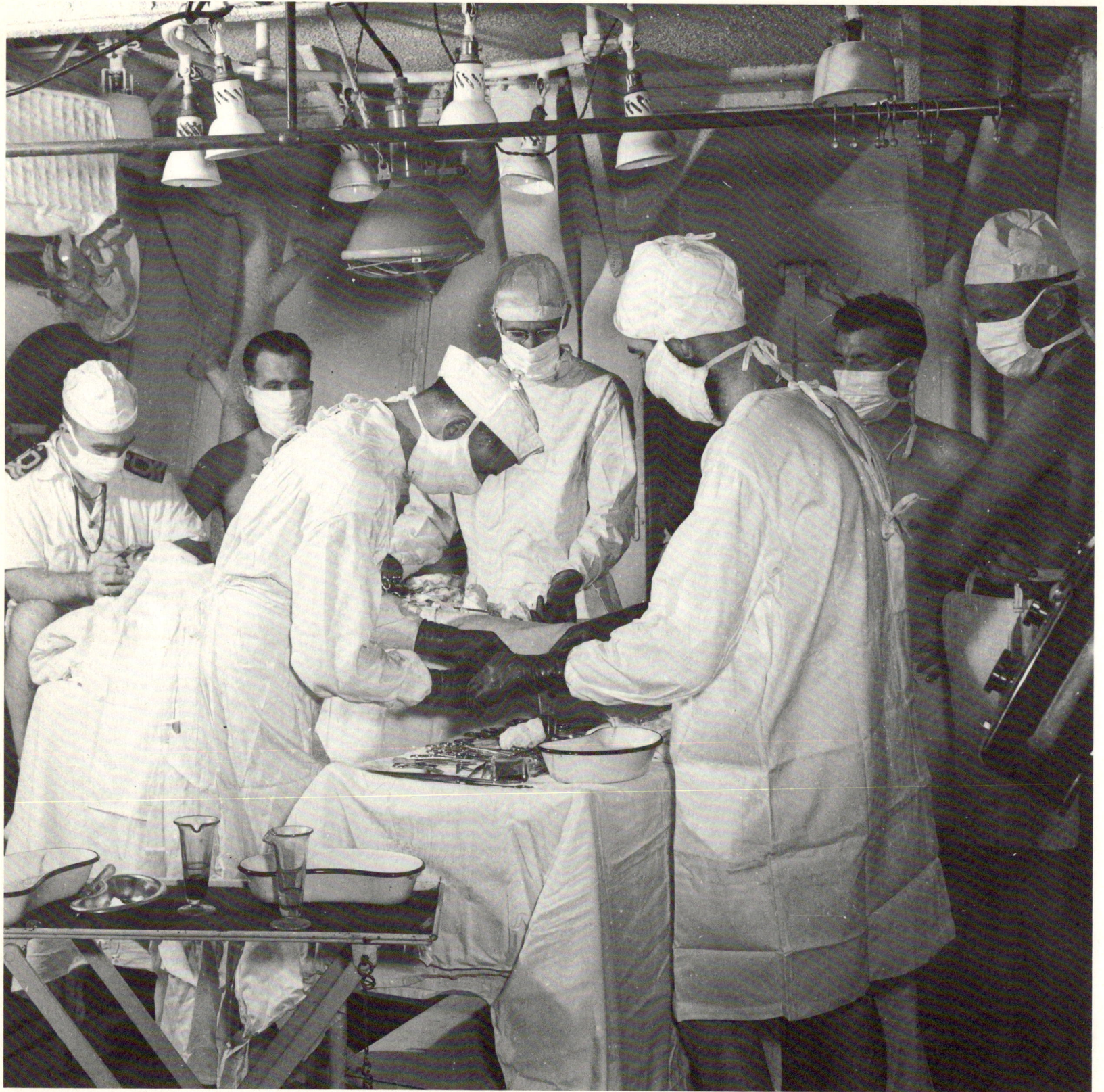

Surgeons perform an appendectomy at sea
aboard HMCS *Uganda*, 27 May 1945

Des chirurgiens procèdent à une appendec-
tomie en mer, à bord du HMCS *Uganda*, le
27 mai 1945

'Bilge boys', scarred from their work, clean
the lower reaches of HMCS *Uganda*: Alexandria, Egypt, 14 February 1945

Préposés à la cale en train de nettoyer la
partie inférieure du HMCS *Uganda*, à Alexandrie (Égypte), le 14 février 1945

181

Burial at sea: HMCS *Uganda*, 4 April 1945

Sépulture en mer : le HMCS *Uganda*, le
4 avril 1945

HMCS *Uganda* bombards the Island of Truk,
15 June 1945.

Le HMCS *Uganda* bombarde l'île de Truk, le
15 juin 1945

Ship's company, HMCS *Uganda*, 8 August 1945

L'équipage du HMCS *Uganda*, le 8 août 1945

Wilfred
Harold
Olson
1922-

Wilfred Harold Olson

Born on a farm at North Battleford, Saskatchewan, Bill Olson moved to Vancouver in 1932. It was there that he joined the Royal Canadian Naval Volunteer Reserve in August 1940. Following training at HMCS *Naden* in Esquimalt, Able Seaman Olson went to sea in HMCS *Meander* but soon returned to barracks at *Naden* looking for a trade. Almost immediately he shipped out again, this time to Prince Rupert where he helped to commission HMCS *Quatsino*. The ship suffered serious weather damage during her first sea voyage, and Olson found himself once more ashore in barracks at Esquimalt. There he discovered that there was a vacancy for someone to wash prints in the darkroom at *Naden*. Olson applied for and obtained the job. He had started to learn his trade.

In September 1942 he was posted to HMCS *Burrard* at Vancouver where he started taking portraits of personnel on the West Coast for use on identification cards. Later he photographed other subjects such as inspections, damage to ships, and recently commissioned ships and their crews. Sent to Britain at the end of 1943, he joined HMCS *Niobe* to work in the darkrooms at 35 Haymarket in London. There, he processed film (including that of the invasion of Europe) and travelled on assignment to places like Londonderry in Northern Ireland and Brest in France.

Discharged at Vancouver in February 1946, he began working for his friend Roy Hearn as a photo-finisher at a commercial house. He also purchased a camera to do freelance work to supplement his income and build a reputation as a photographer. Freelancing took him into a new job, that of general assignment photographer with the Vancouver *Daily Province*. His taste for adventure was fired by the Communist invasion of South Korea in June 1950, and he and reporter Rowland Gould offered their services as a team to cover the war to several newspapers – with little response. Olson then went to New York to pursue matters. En route he stopped in Ottawa to apply to become a photographer with the Canadian Army's Special Force, was recalled from New York, and joined the Army with the rank of sergeant. He picked up his equipment in Ottawa, flew to Vancouver for four days of leave, and then reported to the 2nd Battalion, Princess Patricia's Canadian Light Infantry, at Fort Lewis, Washington.

Crossing the Pacific in USNS *Private Joe P. Martinez*, Olson arrived at Pusan in December 1950. He served one year in Korea, attached first to the Patricias and then to No. 25 Public Relations Unit, photographing all aspects of Canadian participation in the conflict. At the end of his tour he returned to Canada and took his discharge at Ottawa in 1952.

Settling in the national capital, he resumed freelance work for local newspapers. He founded Dominion-Wide Photography Limited and obtained a contract with the Ottawa *Journal* which lasted from 1953 to 1972. With the advent of television, Dominion-Wide also entered the field of motion picture photography, necessitating an expanded staff of twenty-eight to handle commitments to the Canadian Broadcasting Corporation. The processing of film has completely supplanted still photography as the major activity at the firm's present laboratories.

Wilfred Harold Olson

Né dans une ferme de North Battleford (Saskatchewan). Dix ans plus tard, sa famille s'installe à Vancouver. C'est là qu'il s'engage dans la Réserve volontaire de la Marine royale du Canada, en août 1940. Après son entraînement au HMCS *Naden*, à Esquimalt, matelot de 2e classe, il s'embarque sur le HMCS *Meander*. Mais il est bientôt de retour à la caserne *Naden*, en quête d'un métier. Il reprend la mer presque aussitôt, pour se rendre à Prince Rupert cette fois, où il est affecté à la mise en service du HMCS *Quatsino*. Toutefois, le navire subit de graves avaries pendant son premier voyage, et Olson se retrouve de nouveau à terre, à Esquimalt. Il apprend qu'il y a un poste vacant à *Naden* dans la chambre noire, comme laveur d'épreuves. Il postule l'emploi et l'obtient. Il va s'initier à son nouveau métier.

Affecté au HMCS *Burrard*, à Vancouver, en septembre 1942, il commence à y photographier les membres du personnel de la côte du Pacifique, pour l'établissement des cartes d'identité. Par la suite, il traite divers autres sujets, tels les inspections, les navires avariés, les navires récemment mis en service et leurs équipages. Muté en Angleterre à la fin de 1943, il est rattaché au HMCS *Niobe* pour travailler dans les chambres noires du 35 Haymarket, à Londres. Il développe des films, y compris ceux de l'invasion de l'Europe, et se rend à divers endroits, notamment à Londonderry (Irlande) et à Brest (France).

Démobilisé à Vancouver en février 1946, il commence à travailler avec son ami, Roy Hearn, comme finisseur dans un établissement commercial. Il s'achète un appareil photo et travaille comme photographe pigiste, afin d'augmenter son revenu et de se faire un nom.

Il obtient ainsi l'emploi, nouveau pour lui, de reporter photographe au *Daily Province* de Vancouver. L'invasion de la Corée du Sud par les Communistes, en juin 1950, réveille en lui le goût de l'aventure. Accompagné du reporter Rowland Gould, ils offrent leurs services à plusieurs journaux, comme équipe de reportage sur les opérations de la guerre, mais sans trop de succès. Olson se rend alors à New York pour faire avancer les choses, mais il s'arrête à Ottawa pour postuler un emploi de photographe auprès de la Force spéciale de l'Armée canadienne. Rappelé de New York, il s'engage dans l'Armée avec le grade de sergent, reçoit son équipement à Ottawa, prend l'avion pour Vancouver pour y passer une permission de quatre jours, puis rejoint le 2e bataillon du Princess Patricia's Canadian Light Infantry, à Fort Lewis (Washington).

Il traverse le Pacifique à bord du USNS *Private Joe P. Martinez* et arrive à Pusan en décembre 1950. Il sert en Corée pendant un an, d'abord avec le Princess Patricia's, puis dans la 25e unité des Relations extérieures, reproduisant sur photo toutes les images de la participation des Canadiens à la guerre de Corée. À la fin de son service, il rentre au Canada et se fait démobiliser à Ottawa, en mai 1952.

Il s'installe dans la capitale et fait de la photographie à la pige pour les journaux de la ville. Il fonde la société Dominion-Wide Photography Limited et conclut un contrat avec l'*Ottawa Journal*, qui dure de 1953 à 1972. Avec l'avènement de la télévision, Dominion-Wide se lance dans les prises de vues cinématographiques. D'autres contrats avec Radio-Canada l'obligent à étendre son personnel à vingt-huit employés. Le développement des pellicules cinématographiques a presque entièrement supplanté celui des épreuves photographiques dans les laboratoires de la maison.

Members of the 2nd Battalion, PPCLI, cross a
stream during the advance on Hill 642,
Korea, 11 March 1951

Soldats du 2ᵉ bataillon du PPCLI traversant un
cours d'eau pendant une avance sur la cote
642, en Corée, le 11 mars 1951

Private John Hoskins, 2nd Battalion, PPCLI,
during an advance on Hill 419, Korea,
24 February 1951

Le soldat John Hoskins, du 2ᵉ bataillon du
PPCLI, pendant une avance sur la cote 419,
en Corée, le 24 février 1951

188

Through a typical Korean village, troops of
the 2nd Battalion, PPCLI, advance towards
Hill 642, 11 March 1951

Troupes du 2e bataillon du PPCLI traversant
un village coréen typique pour se diriger vers
la cote 642, le 11 mars 1951

189

At Pusan, Korea, Private Steve Towstego,
2nd Battalion, PPCLI, passes out food at the
camp barricade, 25 December 1950

À Pusan (Corée), le soldat Steve Towstego,
du 2e bataillon du PPCLI, distribue de la
nourriture à la barricade du camp, le
25 décembre 1950

190

Improvising splendidly, Major Jack George, 2nd Battalion, PPCLI, takes a bath in an abandoned gasoline drum at Sanggwang, Korea, 15 March 1951

Grâce à des prodiges d'ingéniosité le major Jack George, du 2ᵉ bataillon du PPCLI, prend un bain dans un réservoir d'essence abandonné, à Sanggwang (Corée), le 15 mars 1951

Establishing a bridgehead on the west bank of the Imjin River in Korea, 'D' Company of the 2nd Battalion, PPCLI, lights up the area in front of it with starshells, about 10 June 1951

Ayant établi une tête de plage sur la rive ouest de la rivière Imjin (Corée), la compagnie « D » du 2ᵉ bataillon du PPCLI, illumine son front avec des obus éclairants, vers le 10 juin 1951

'Able' Troop of the 16th New Zealand Field
Regiment bombards Hill 826 in support of
advancing 2nd Battalion, PPCLI: Korea,
16 April 1951

La section « A » du 16ᵉ régiment de campagne
de la Nouvelle-Zélande pilonne la cote 826,
pour appuyer l'avance du 2ᵉ bataillon du
PPCLI, en Corée, le 16 avril 1951

Troops of the 2nd Battalion, PPCLI, try to
keep dry in a pounding rain at Ch'orwon,
Korea, 22 June 1951. From the left: Privates
Karl McAvena, William Allen, John Sturgess,
Lance-Corporal Lawrence Bortolotti

Troupes du 2ᵉ bataillon du PPCLI s'abritant de
la pluie à Ch'orwon (Corée), le 22 juin 1951.
De g. à d. : soldats Karl McAvena, William
Allen et John Sturgess, et caporal suppléant
Lawrence Bortolotti

Korean refugees moving south from the
Imjin River, 29 June 1951

Réfugiés coréens se dirigeant vers le sud à
partir de la rivière Imjin, le 29 juin 1951

Houseboys attached to the 25th Canadian
Infantry Brigade Headquarters, Korea,
August 1951

Jeunes domestiques coréens attachés au QG
de la 25ᵉ brigade d'infanterie canadienne, en
Corée, en août 1951

196

Exhausted Korean supply carrier attached to the 2nd Battalion, PPCLI, rests on a box of rations during the advance to Hill 826, Korea, 16 April 1951

Un porteur d'approvisionnements coréen, attaché au 2e bataillon du PPCLI, se repose sur une caisse de vivres pendant l'avance sur la cote 826, en Corée, le 16 avril 1951

Plugging his ears, a Korean ration carrier
suffers through a bombardment of Hill 826
by the 16th New Zealand Field Regiment in
support of the attack by the 2nd Battalion,
PPCLI, 16 April 1951

Se bouchant les oreilles, un porteur de rations
coréen parvient à endurer le tintamarre causé
par le pilonnage de la cote 826, en Corée, par
le 16ᵉ régiment de campagne de la Nouvelle-
Zélande, à l'appui de l'attaque du 2ᵉ bataillon
du PPCLI, le 16 avril 1951

Chinese Communist prisoner is 'frisked' before joining companions to unload supplies for the 25th Canadian Infantry Brigade: Pusan, Korea, 2 May 1951

Des prisonniers communistes chinois déchargent des approvisionnements pour la 25ᵉ brigade d'infanterie canadienne, à Pusan (Corée), le 2 mai 1951

Newspaper correspondents await develop-
ments in armistice negotiations at Panmunjon,
Korea, 19 October 1951. From left: Alan
Winningham, London *Daily Worker*,
Rowland Gould, Vancouver *Daily Province*

Correspondants de presse attendant les dernières nouvelles à propos des négociations
d'armistice, à Panmunjon (Corée), le 19
octobre 1951. De g. à d. : Allan Winningham,
du *Daily Worker* de Londres, et Rowland
Gould, du *Daily Province* de Vancouver

200

The feet of dead Canadian soldiers abandoned by Chinese Communist troops on Hill 419, Korea, 2 March 1951

Pieds de soldats canadiens morts et abandonnés par les troupes communistes chinoises, sur la cote 419, en Corée, le 2 mars 1951

Richard
Yoshio
Nakamura

1924-

Richard Yoshio Nakamura

Dick Nakamura was born at Comox and raised at Surrey, British Columbia, where his father owned a truck farm during the 1930s. Following the Japanese attack on Pearl Harbor in December 1941, the British Columbia Security Commission expropriated the farm and evacuated the Nakamura family to a sugar-beet farm at Magrath, Alberta. Although Dick was a member of the COTC in high school, he was unsuccessful in joining the armed services during the war.

Nakamura took up photography as a hobby while working on the farm at Magrath and washed his films in an irrigation ditch. He achieved a long-standing ambition when he joined the Royal Canadian Air Force in July 1948 and selected the trade of photographer. Posted to No. 1 Photo Establishment at Rockcliffe, Ontario, as an AC2, he began washing prints until the start of the next training course which began in January 1949 and provided him with six months of instruction in all aspects of photography. He graduated with distinction, but was deflated to find himself posted right back to the printing section of the Photo Establishment. He worked his way up, however, to supervise four crews of printers during the year he spent there.

In the summer of 1950 Nakamura received orders to report to F/L Lloyd Walker's photographic section in the Directorate of Public Relations at Air Force Headquarters in downtown Ottawa. He measured up to Walker's standards during a one-month trial period and, as a leading aircraftsman, embarked on what he regards as the best part of his whole service career.

One of Nakamura's earliest and biggest assignments took him to Japan. He spent the first five months of 1951 photographing the airlift to Korea operated by No. 426 (Thunderbird) Squadron, visiting Japan, Korea, and far-flung detachments in places like Wake Island and Shemya in the Aleutian Islands. There was little respite from further travel after Nakamura returned to Ottawa. Reserve squadron training exercises at Watson Lake, Yukon; air-to-air photography of C-119 aircraft at Namao, Alberta; the visit of Princess Elizabeth to Trenton, Ontario; the induction of airwomen at St Jean, Quebec; a mercy mission out of Goose Bay, Labrador; the transatlantic flights of squadrons en route to NATO duty in Europe: all these were the subjects of Corporal Nakamura's camera.

Nakamura decided to retire at the end of his five-year term of service in 1953. Returning to Alberta, he became a photographer at the Department of Agriculture's research station in Lethbridge. Two years later, he moved to Regina, Saskatchewan, to take charge of the photographic unit of the Prairie Farm Rehabilitation Association. He joined the militia in 1957 as public relations officer of the Regina Rifles, qualified as an infantry officer, and rose to the rank of major. Nakamura was deputy commander of the regiment at the time of his retirement from military life in 1970. Today, he is head of the information section of PFRA, which has become part of the Department of Regional Economic Expansion.

Richard Yoshio Nakamura

Né à Comox et élevé à Surrey (Colombie britannique), où son père était maraîcher pendant les années 30. À la suite de l'attaque de Pearl Harbor, en décembre 1941, la Commission de sécurité de la Colombie britannique exproprie la famille Nakamura et l'envoie dans une ferme de betteraves à sucre, à Magrath (Alberta). Bien que membre du corps-école d'officiers canadiens à l'école secondaire, Nakamura ne peut se faire accepter dans les Forces armées durant la guerre.

Au début, la photographie est plutôt un passe-temps pour Nakamura qui s'y adonne tout en vaquant aux travaux de la ferme; il aurait même lavé ses épreuves dans un canal d'irrigation. Il réalise un de ses plus chers désirs en s'engageant comme photographe dans l'Aviation royale du Canada, en juillet 1948. Affecté au 1er Centre de photographie, à Rockcliffe (Ontario), à titre d'aviateur de 2e classe, il est chargé du lavage des épreuves, jusqu'au début du stage suivant, soit en janvier 1949. Il étudie ainsi tous les aspects de la photographie pendant six mois. Il termine le stage avec distinction, mais il est quelque peu déçu de se voir affecté de nouveau à la section de tirage des épreuves, au Centre de photographie. À force de persévérance, il est nommé au cours de l'année surveillant d'une équipe de quatre tireurs d'épreuves.

À l'été de 1950, il reçoit l'ordre de se présenter à la section de photographie dirigée par le lieutenant de section Lloyd Walker, à la Direction des relations extérieures, au quartier général de l'Aviation à Ottawa. Il donne satisfaction à Walker au cours d'une période d'essai d'un mois et, promu aviateur-chef, il entreprend ce qu'il considère comme la meilleure partie de sa carrière militaire.

Une de ses premières missions le conduit au Japon. En 1951, il passe cinq mois à photographier le pont aérien en Corée, assuré par la 426e escadrille (Thunderbird); il visite le Japon, la Corée et les détachements affectés à des postes éloignés tels l'île de Wake et Shemya, dans les îles Aléoutiennes. Après son retour à Ottawa, il continue de voyager : les exercices d'entraînement des escadrilles de réserve, à Watson Lake (Yukon); la photographie air-air de l'avion C-119, à Namao (Alberta); la visite de Son Altesse royale la princesse Élisabeth, à Trenton (Ontario); l'enrôlement du personnel féminin de l'ARC à Saint-Jean (Québec); un vol de secours à Goose Bay (Labrador); les vols transatlantiques d'escadrilles mises à la disposition de l'OTAN en Europe; autant d'activités que le caporal Nakamura enregistre avec son appareil.

Nakamura décide de réintégrer la vie civile, à la fin de son engagement de cinq ans, en 1953. Il s'installe en Alberta et devient photographe à la station de recherches du ministère de l'Agriculture, à Lethbridge. Deux ans plus tard, il s'installe à Régina (Saskatchewan) pour assumer la direction du service photographique de l'Association pour le relèvement de l'agriculture dans les Prairies. Il s'enrôle dans la Milice en 1957, à titre d'officier des relations extérieures du Regina Rifles, puis il est reçu officier d'infanterie et accède au grade de major. Au moment où il prend sa retraite en 1970, il est commandant adjoint du régiment. Il est actuellement chef de la section de l'information de l'ARAP, organisme qui relève désormais du ministère de l'Expansion économique régionale.

203

204

Airmen of No. 426 (Thunderbird) Squadron,
RCAF, examine the wreck of a United States
ship lost during the Second World War near
Wake Island, 14 May 1951. From the left:
Corporals Victor Headdy, Jerry Couillard

Aviateurs de la 426ᵉ escadrille (Thunderbird)
de l'ARC examinant l'épave d'un navire
américain détruit pendant la seconde guerre
mondiale près de l'île Wake, le 14 mai 1951.
De g. à d. : caporaux Victor Headdy et Jerry
Couillard

Mount Fuji, Japan, as seen from a Canadair
North Star I of No. 426 (Thunderbird)
Squadron, RCAF, 9 April 1951

Le mont Fuji (Japon) vu d'un North Star I
canadien de la 426ᵉ escadrille (Thunderbird)
de l'ARC, le 9 avril 1951

Surplus Beechcraft Expeditor used to demon-
strate firefighting techniques at RCAF Station
Uplands, Ontario, 26 March 1952

Un Beechcraft Expeditor excédentaire utilisé
pour démontrer les techniques de lutte contre
l'incendie, à la station de l'ARC d'Uplands
(Ontario), le 26 mars 1952

On a mercy mission, an RCAF Douglas
Dakota III delivers supplies to Hebron,
Labrador, 21 February 1953

En mission de secours, un Douglas Dakota
III de l'ARC ravitaille Hebron (Labrador), le
21 février 1953

Airwomen of Nos. 402 and 403 Auxiliary
Squadrons, RCAF, during summer training
camp: Watson Lake, Yukon Territory, 10
July 1952. From the left: AW Elsie Ander,
AW Lauris Miller, AW Betty Brigden, AW
Hazel Melhuish, AW Beverley Henderson

Aviatrices des 402ᵉ et 403ᵉ escadrilles auxi-
liaires de l'ARC, à l'entraînement pendant

l'été, au lac Watson (Territoire du Yukon),
le 10 juillet 1952. De g. à d. : aviatrices Elsie
Ander, Lauris Miller, Betty Brigden, Hazel
Melhuish et Beverley Henderson

An RCAF Canadair Sabre Mk 2 tests her main
armament at the gun butts, Uplands, Ontario,
19 January 1953

Un Sabre Mk 2 de la Canadair, de l'ARC,
vérifie son principal armement au champ de
tir d'Uplands (Ontario), le 19 janvier 1953

210

The funeral of Air Chief Marshal
L.S. Breadner, RCAF: Ottawa, 19 March 1952

Les funérailles du maréchal en chef de l'Air
L.S. Breadner, de l'ARC, à Ottawa, le 19
mars 1952

Donald
Munroe
Stitt

1924-

Donald
Munroe
Stitt

Don Stitt was born in Fort William and went to school in Sioux Lookout, Ontario, where his father worked for Canadian National Railways. His first brush with photography was a job picking up rolls of film for delivery to local druggist Hank Brandon, who processed the film as a sideline. Brandon eventually taught the youngster the arts of developing and printing. At sixteen, Stitt joined the Royal Canadian Navy at HMCS *Griffon* in Port Arthur in May 1941. Following communications training at St Hyacinthe, Quebec, Coder Stitt served on the East Coast from 1942 to 1945, seeing sea duty in HMC Ships *Wallaceburg*, *Merritonia*, and *Petrolia*. He used his own camera to take photographs at sea, but many of his exposures were never returned from the censor.

Stitt was demobilized in November 1945, and rejoined the service in January 1947, this time selecting the trade of photographer. He reported to HMCS *Stadacona* in Halifax for an intensive three-month course in photography which included both classroom instruction and practical assignments. After graduation he settled into a pattern of alternate periods of shore and sea duty. Based at shore establishments like HMCS *Bytown* in Ottawa and HMCS *Shearwater* in Dartmouth, Nova Scotia, he also went to sea in HMC Ships *Haida* and *Iroquois* during 1948 and 1949. He served aboard HMCS *Magnificent* in 1950 and cruised with her to both Europe and the West Indies. Throughout HMCS *Nootka's* tour of duty off Korea in 1952, he was her photographer, responsible for making her the most publicized Canadian ship in the United Nations fleet. Petty Officer Stitt also sailed to England as part of the team of tri-service photographers

who covered the Coronation of Queen Elizabeth in June 1953. On his return, he took charge of the RCN photographic section in Montreal, where his major responsibility was to record all aspects of the *St Laurent*-class destroyer escort construction program at various shipyards in Quebec.

Stitt left Montreal in the fall of 1955 to return to Halifax. He spent the summer of 1956 on a European cruise with cadets of the University Naval Training Division. After retiring in January 1957, he worked briefly in Montreal, and then moved to Ottawa and joined Bill Olson's firm, Dominion-Wide Photography Limited. During the two years he spent recording events on Parliament Hill, Stitt became an expert in motion picture photography, helping to meet Dominion-Wide's commitments to CBC Television. In the early 1960s he moved to Bangor, Maine, to do press and television work, but returned to Canada in 1966 and joined the staff of station CFCF in Montreal just in time to shoot extensive coverage of Expo 67. He now lives in Toronto and is a freelance cameraman whose major client is CTV National News.

Donald
Munroe
Stitt

Né à Fort William, il fréquente l'école de
Sioux Lookout (Ontario), où son père travaille pour le Canadien National. Ses premiers
essais se limitent à prendre des pellicules à
domicile et à les porter à Hank Brandon,
pharmacien de l'endroit, qui les développe à
ses moments perdus. Brandon finit par
apprendre au jeune homme à développer des
pellicules et à tirer des épreuves. À seize ans,
soit en mai 1944, il s'engage dans la Marine
royale du Canada, au HMCS *Griffin*, à Port
Arthur. Après un cours de communications,
à Saint-Hyacinthe (Québec), il sert en mer
sur la côte de l'Atlantique, de 1942 à 1945, à
bord des HMCS *Wallaceburg*, *Merritonia* et
Petrolia. Il prend des photos, mais nombre
d'entre elles ne reviennent jamais de chez
le censeur.

Démobilisé en novembre 1945, il s'enrôle
de nouveau en janvier 1947, et choisit cette
fois le métier de photographe. Au HMCS
Stadacona, à Halifax, il suit pendant trois
mois un stage accéléré de photographie, à la
fois théorique et pratique. Il a ensuite à
fournir alternativement des services sur terre
et en mer : affecté à des établissements comme
le HMCS *Bytown*, à Ottawa, et le HMCS
Shearwater, à Dartmouth (Nouvelle-Écosse),
il sert également en mer à bord des HMCS
Haida et *Iroquois*, en 1948 et 1949. En 1950,
il est affecté au HMCS *Magnificent* qu'il
accompagne en Europe et aux Antilles. Il est
photographe du HMCS *Nootka* pendant toute
la durée de son service au large de la Corée,
en 1952. Grâce à ses nombreuses photos, il en
fait le navire le mieux connu de la flotte des
Nations Unies. En juin 1953, il part pour
l'Angleterre, avec l'équipe de photographes
des trois Armes qui assurent le reportage du
couronnement de Sa Majesté la reine
Élisabeth. À son retour, il assume la direction
de la section de photographie de la MRC à
Montréal, où il a surtout à photographier les
développements du programme de construction des escorteurs d'escadre de la catégorie
St-Laurent, sur divers chantiers navals du
Québec.

Il quitte Montréal pour Halifax à l'automne
de 1955. Au cours de l'été de 1956, il
accompagne les cadets de la division uni-
versitaire d'instruction navale, lors de leur
croisière européenne. Il se retire en janvier
1957 et travaille un moment à Montréal, puis
se fixe à Ottawa où il entre au service de la
Dominion-Wide Photography Limited,
fondée par Bill Olson. Pendant deux ans il
fait des reportages photographiques des
divers événements qui se déroulent sur la
colline du Parlement et participe au filmage
des actualités par Dominion-Wide pour le
réseau de télévision de Radio-Canada. Au
début des années 60, il va s'installer à Bangor
(Maine) pour y faire encore du reportage
photographique et télévisé. À son retour au
Canada en 1966, il entre à CFCF, station de
télévision de Montréal, juste à temps pour
faire un reportage détaillé sur Expo 67. Il
habite actuellement Toronto et fait de la
photographie, surtout pour les nouvelles
nationales transmises par le réseau CTV.

Overshooting on landing, a Hawker Sea Fury FB II of No. 883 Squadron, RCN, sits with its tail high after hitting the safety barricade on the flight deck of HMCS *Magnificent*, 23 May 1950

Atterrissant au-delà du but, un Hawker Sea Fury FB II de la 883e escadrille de la MRC se pose, la queue en l'air, après avoir heurté la barricade de sécurité sur le pont d'envol du HMCS *Magnificent*, le 23 mai 1950

Hawker Sea Fury and Fairey Firefly aircraft ranged on the flight deck of HMCS *Magnificent* during anti-submarine exercises with HMS *Astute*, 21 June 1950

Appareils Hawker Sea Fury et Fairey Firefly alignés sur le pont d'envol du HMCS *Magnificent* au cours d'exercices anti-sous-marins avec le HMS *Astute*, le 21 juin 1950

En route to Amsterdam from Copenhagen,
HMCS *Huron* cruises through the North Sea,
10 October 1950

Le HMCS *Huron* traversant la mer du Nord
pour aller de Copenhague à Amsterdam,
le 10 octobre 1950

HMCS *Nootka* replenishes her ammunition
supply from USS *Virgo* off the coast of Korea,
1 June 1952

Le HMCS *Nootka* est ravitaillé en munitions
par le USS *Virgo*, au large de la côte coréenne,
le 1er juin 1952

218

HMCS *Nootka* takes on fuel from USS *Bataan*
off the Korean coast, 9 February 1952

Le HMCS *Nootka* est ravitaillé en carburant par
le USS *Bataan*, au large de la côte coréenne,
le 9 février 1952

Chaplain Gower Stone is transferred by jack-stay from HMCS *Huron* to HMCS *Magnificent* in the Bay of Biscay, 29 October 1950

L'aumônier Gower Stone est transféré au moyen d'un câble du HMCS *Huron* au HMCS *Magnificent*, dans le golfe de Gascogne, le 29 octobre 1950

Ready for launching, HMCS *Ottawa* sits on the ways at the shipyards of Canadian Vickers Limited, Montreal, 29 April 1953

Prêt à être lancé, le HMCS *Ottawa* repose sur les rails des chantiers de la Canadian Vickers Limited, à Montréal, le 29 avril 1953

Fireworks illuminate the Coronation Naval Review: Spithead, England, 15 June 1953

Feux d'artifice illuminant la revue navale du Couronnement, à Spithead (Angleterre), le 15 juin 1953

CPO Joe Leary on the bridge of HMCS *Nootka*
as she cruises off the coast of Korea,
5 June 1952

Le premier maître Joe Leary sur la passerelle
du HMCS *Nootka*, alors que celui-ci croise au
large de la côte coréenne, le 5 juin 1952

Gordon
Evan
Thomas
1930-

Gordon
Evan
Thomas

Born and educated in Ottawa, Gord Thomas followed the example of his father by joining the Canadian Army. Although photography already was his hobby, there were no vacancies for photographers in 1949, and he thus spent his first year of service as an accounts clerk at Royal Canadian Ordnance Corps depots in Montreal and in London, Ontario. He did become a photographer, however, when he reported to the Army Survey Establishment of the Royal Canadian Engineers at Ottawa in 1950. In September 1957 another transfer sent him, as a sergeant, to the Army's Directorate of Public Relations. Almost immediately he joined the Canadian component of the United Nations Emergency Force in the Middle East.

Stationed at Rafah in Egypt, Thomas spent one year photographing peacekeeping operations in the Gaza Strip. He returned to Canada and in January 1959 went to Camp Gagetown, New Brunswick. During a year and a half there, he photographed regular force and militia activities throughout the province. From 1960 to 1963, he served as a photographer with the 4th Infantry Brigade stationed in and around Soest in West Germany. Thomas then returned to Ottawa for a year, until another overseas posting sent him to Cyprus in October 1964. During a six-month tour of duty, he recorded the operations of the Canadian contingent with the United Nations Force on that island.

Following the integration of the three armed forces, Thomas found himself working for the new Canadian Forces Directorate of Information Services when he reported back to Ottawa in April 1965. There was, however, no change in the nature of his assignments or in the amount of travelling they required. At

Christmas 1965, he flew to the Congo to cover the Canadian airlift of oil into Zambia. Operating out of Canadian Forces Photo Unit at Rockcliffe, Ontario, he circled the world between 1967 and 1970, taking pictures in Jamaica, Tanzania, West Germany, Cyprus, Pakistan, India, Hong Kong, Korea, and Japan. In 1970, by now a master warrant officer, he went to the Northwest Territories of Canada and took photographs which contributed greatly to the success of the Forces' 'Arctic Frontier' exhibit caravans. But a posting to Cold Lake, Alberta, in February 1971 forced Thomas to the realization that all his roots lay in Ottawa. In March 1972 he retired after completing twenty-four years of service. Thomas finds, however, that his present job resembles his old one in many ways. He is senior photographer of the Ministry of Transport, and has travelled from coast to coast to record the land, aerial, and marine operations of that department.

Gordon Evan Thomas

Né et élevé à Ottawa. À l'exemple de son père, il s'engage dans l'Armée canadienne. La photographie est son passe-temps préféré, mais les Forces armées n'ont pas besoin de photographe en 1949, et il passe sa première année de service aux dépôts du corps royal canadien des magasins militaires, à Montréal et à London (Ontario), en qualité de commis-comptable. Il devient photographe quand il passe au service topographique du Génie royal canadien, à Ottawa, en 1950. Une nouvelle mutation, en septembre 1957, l'envoie à la Direction des relations extérieures de l'Armée. Il rejoint presque aussitôt les troupes canadiennes de la Force d'urgence des Nations Unies, au Moyen-Orient.

Affecté à Rafah, en Égypte, il passe un an à photographier la surveillance du cessez-le-feu dans l'enclave de Gaza. Il rentre au Canada et, pendant un an et demi, à partir de janvier 1959, il est au camp Gagetown (Nouveau-Brunswick), où il photographie les activités de l'armée régulière et de la Milice, d'un bout à l'autre de la province. De 1960 à 1963, il occupe le poste de photographe à la 4e brigade d'infanterie en garnison à Soest (Allemagne occidentale). Après un séjour d'un an à Ottawa, il se rend de nouveau outre-mer, à Chypre, en octobre 1964. Pendant les six mois qu'il y passe, il photographie les opérations du contingent canadien affecté à la Force des Nations Unies.

À la suite de l'intégration des trois Armes, il est nommé à la nouvelle Direction des services d'information des Forces canadiennes, à son retour à Ottawa en avril 1965. Cette affectation ne change en rien la nature de ses missions, ni la fréquence de ses déplacements. À Noël 1965, il s'envole pour le Congo afin d'assurer le reportage sur le transport aérien du pétrole en Zambie par les Forces canadiennes. Tout en restant attaché à la section de photographie des Forces canadiennes de Rockcliffe (Ontario), il fait le tour du monde, de 1967 à 1970, et exerce son métier de photographe en divers pays : Jamaïque, Tanzanie, Allemagne occidentale, Chypre, Pakistan, Inde, Hong Kong, Corée et Japon. En 1970, il se retrouve sous le climat plus rigoureux des Territoires du Nord-Ouest canadien et les photographies qu'il y prend concourrent au succès de l'exposition « Sur la frontière de l'Arctique » que les Forces canadiennes font circuler en convoi automobile. Au poste de Cold Lake (Alberta), en février 1971, Thomas finit par s'apercevoir que ses attaches profondes sont avec Ottawa. En mars 1973, il revient à la vie civile après avoir accompli vingt-quatre ans de service militaire. Son nouvel emploi, il le voit bien, n'est pas sans présenter des ressemblances avec celui qu'il a quitté. Photographe en chef au ministère des Transports, il voyage d'un océan à l'autre pour enregistrer sur pellicule les activités terrestres, aériennes et maritimes de son ministère.

During Operation 'Nimble,' local workers in Ndjili, Congo, load drums of oil into a Lockheed C-130B Hercules of the Canadian Forces for airlift to Zambia, January 1966

Pendant l'opération « Nimble », des ouvriers de Ndjili (Congo) embarquent des réservoirs de pétrole à bord d'un Lockheed C-130 B Hercules des Forces canadiennes, dans le cadre du ravitaillement aérien de la Zambie, en janvier 1966

Members of the 8th Canadian Hussars (Princess Louise's) rent camels to help them in the patrol duties of the United Nations Emergency Force in the Gaza Strip, Egypt, 5 May 1958

Des soldats du 8th Canadian Hussars (Princess Louise's) louent des chameaux pour remplir les missions de patrouille que leur a confiées la Force d'urgence des Nations Unies, dans l'enclave de Gaza (Égypte), le 5 mai 1958

Troops of the 1st Battalion, The Canadian Guards, and Centurion tanks of the 8th Canadian Hussars (Princess Louise's) during a training exercise: Sennelager, West Germany, 2 July 1962

Troupes du 1er bataillon du Canadian Guards et des chars Centurion du 8th Canadian Hussars (Princess Louise's) pendant un exercice d'entraînement, à Sennelager (Allemagne de l'Ouest), le 2 juillet 1962

229

During an exercise in West Germany, sappers of the 4th Field Squadron, RCE, blow up a culvert: 11 July 1961

Pendant un exercice en Allemagne de l'Ouest, des sapeurs du 4ᵉ bataillon de campagne du Génie royal canadien font sauter un ponceau, le 11 juillet 1961

Fire support for infantry is provided by
gunners of the 3rd Regiment, Royal Canadian
Horse Artillery, during a NATO exercise:
Sennelager, 5 July 1963

Canonniers du 3ᵉ régiment de la RCHA appuyant l'infanterie pendant un exercice de
l'OTAN, à Sennelager, le 5 juillet 1963

On patrol, Ferret scout cars of the reconnaissance squadron of Lord Strathcona's Horse
cruise village streets near Nicosia, Cyprus,
February 1965

En patrouille, des voitures de reconnaissance
Ferret de l'escadron de reconnaissance du
Lord Strathcona's Horse sillonnent les rues
d'un village près de Nicosie (Chypre), en
février 1965

After the Changing of the Guard ceremony, troops of the 2nd Battalion, The Canadian Guards, march off Parliament Hill, Ottawa, July 1964

Après une cérémonie de la relève de la garde, les troupes du 2ᵉ bataillon du Canadian Guards quittent la colline parlementaire, à Ottawa, en juillet 1964

Troops taking part in Exercise 'New Viking':
Churchill, Manitoba, April 1970

Troupes participant à l'exercice « New
Viking », à Churchill (Manitoba), en avril
1970